◇ 『和创造世界名牌的人 一起放飞梦想』

◇ **不息的商河亚马逊**

buxi de shanghe yamaxun

◇ 刘 雯◆编著

吉林出版集团有限责任公司

图书在版编目（ＣＩＰ）数据

不息的商河亚马逊/刘雯编著.--长春:吉林出版集团有限责任公司，2014.8

（和创造世界名牌的人一起放飞梦想）

ISBN 978-7-5534-4073-6

Ⅰ.①不… Ⅱ.①刘… Ⅲ.①贝佐斯，J.—生平事迹—青少年读物
Ⅳ.①K837.125.38-49

中国版本图书馆CIP数据核字（2014）第160083号

不息的商河亚马逊
BUXI DE SHANGHE YAMAXUN

编　　著:	刘　雯	
项目负责:	陈　曲	
责任编辑:	金　昊	
出　　版:	吉林出版集团股份有限公司	
发　　行:	吉林出版集团社科图书有限公司	
电　　话:	0431-81629727	
印　　刷:	北京一鑫印务有限责任公司	
开　　本:	710mm×960mm 1/16	
字　　数:	100千字	
印　　张:	12	
版　　次:	2014年9月第1版	
印　　次:	2019年7月第2次印刷	
书　　号:	ISBN 978-7-5534-4073-6	
定　　价:	23.80元	

如发现印装质量问题，影响阅读，请与出版方联系调换。0431-81629727

序 言
PREFACE

梦想与生命共存　传奇与我们同在

当你拥有这套《和创造世界名牌的人一起放飞梦想》系列丛书并真正读懂它的时候，祝贺你，你已经向成功又迈进了一大步，并可以为自己的人生勾画一张蓝图了。

开卷有益，我们不是猎奇，不是对世界名人和超级品牌的奇闻轶事简单地一声惊叹，而且通过阅读，让我们的视野变得更加开阔，让我们能够更好地认识这个世界，并找到适合自己的成功之路。

这是一套全方位满足你阅读愿望的好书，文字鲜活，引人入胜。这里有商界巨鳄的传奇创业故事，也有他们普通如你我的日常生活，当你随着一行行文字重走他们的人生之路时，你的心一定会在波澜起伏中感到一种快意。或许他们的成功不能复制，但是他们的坚忍、执着、宽容——这些成功的要素，我们可以复制。

通过阅读名人的成长故事，重温名人的创业之路，我们会发现，健全的人格、自由的意志、高远的理想、敢于实践的勇气、高瞻远瞩的见地、坚毅勇敢的性格、理性处世的原则、独立思考的习惯、幽默风趣的表达方式……一个人成功的诸多要素都以具体而形象的方式展现在你的面前。

每个人都有自己的生活轨迹，然而成功之路殊途同归，这一路上你的行囊里必须要装入梦想、希望、宽容和坚忍。

请给自己一个梦想吧！梦想是成功的种子，梦想是希望的支点。从这套书中你会发现，每一个了不起的品牌里都承载了品牌创始人那激越的梦想。是梦想，让他们充满激情，斗志昂扬；是梦想，在困境中带给他们希望，让他们有了坚持下去的勇气；是梦想，激励他们不断向前进！

为梦想不懈地努力吧！从这套书中你会明白，任何人的成功都不会一帆风顺，在鲜花和掌声的背后，有太多不为人知的痛苦。那些创业中的失败、徘徊和挫折，对我们来说更具有启迪的价值。真正的勇敢者，并不是无所畏惧，而是在面对挫折的时候，能及时调整自己，正视艰难困苦，不放弃希望。所谓成功，不过是努力的另一个名字罢了。

伟大的戏剧家莎士比亚曾说："一个最困苦、最卑贱、最为命运所屈辱的人，只要还抱有希望，便无所怨惧。"

生命只有一次，让我们在阅读中汲取无穷的力量吧！《和创造世界名牌的人一起放飞梦想》系列丛书会带你走进一个传奇世界，仔细阅读并把你的梦想付诸实践，你也许会成为下一个传奇。

带上我们的梦想启程，为我们璀璨夺目的人生而奋斗！

目 录
Content

前 言 001

第一章 亚马逊王子成长之路 001

第一节 不折不扣的行动派 003

第二节 心怀梦想的孩子 007

第三节 选择缔造人生 010

第四节 独特的创新思维 015

第二章 那颗梦想的种子种下了吗? 019

第一节 信仰是盏不灭的航灯 021

第二节 三个怪才的第一次相聚 028

第三节 载着夫人和狗向西雅图"进军" 032

第四节 打碎心中的顽石 036

第三章　梦想变为现实

　　　　——不息的商河亚马逊诞生　041

　　第一节　车库小世界里的大世界　043

　　第二节　"尸体"这个名字吓到我了　047

　　第三节　投石问路的早期经营　051

　　第四节　像火星人一样思考　058

第四章　赢利魔方，你会玩吗？　065

　　第一节　往商河里不断"扔钱"的公司　067

　　第二节　疯狂的"圈地运动"　074

　　第三节　面对危机，做无畏的勇士　079

第五章　亚马逊王国的人才军队　087

　　第一节　给我们送些怪人来　089

　　第二节　善于挖墙脚的大老板　093

　　第三节　亚马逊"邪教"的洗脑运动　097

　　第四节　他凭什么以最低价格留住了人才？　101

第六章　他是纸质书籍的终结者？　109

　　第一节　神秘阅读器的降临　111

　　第二节　"苹果"大哥，我并不想和你"竞争"　117

第三节　改变世界的力量　122

第七章　亚马逊的战国时代　127

第一节　与"头号劲敌"巴诺过招　129

第二节　向CD王国大佬挑战　137

第三节　征战世界的梦想　140

第八章　亚马逊精神之泉　143

第一节　和顾客谈一场"永不分手"的恋爱　145

第二节　"吝啬鬼"的节俭精神　151

第三节　创新！再创新！　156

第九章　遇见未知的亚马逊　165

第一节　你也有一个太空梦吗？　167

第二节　持久坚持下的美梦成真　171

结　语　178

前 言

Introduction

你相信吗，有这样一个人，他能在短短的几年时间内就创造出电商界的传奇神话，他放言自己能使世界上每一个角落的人都能买到他的书，他令无数企业家既恐惧又钦佩。

他就是被誉为"电子商务第一人"的亚马逊创始人——杰夫·贝佐斯。他的出现为世界传统经济带来了惊天动地的变革，他敲开了一扇通往梦想的大门，在创业的旅途中，他用行动告诉世界：贝佐斯与亚马逊，将如同世界上流量最大、流域最广的河流亚马逊河一样，遍布全世界，享誉全球。

这本书讲述的是亚马逊与贝佐斯的故事，在这里，你将会发现，一个充满梦想、充满激情、睿智的怪人，以改变世界为信仰，缔造出了一个全新的网上时代。这是一个充满激情与梦想的时代，谁错过了它，谁都会觉得后悔。

"亚马逊"这三个字，相信我们并不会陌生。在这个网络高度发达的时代，电子商务已经成为人们生活中不可或缺的一部分，当你轻点鼠标开始网上购物时，你不仅享受到了便捷、不受空间拘束，你还能集成天下货物而选之。而这一切都源于那个挥舞权杖的电子商务教父杰夫·贝佐斯，他为世界带来了前所未有的信息革命风暴。亚马逊就像一条不息的商河一样，为全世界的人们带来无限的福利。

那么贝佐斯到底是谁？他又到底做过些什么令全世界震惊的事？曾有人毫不夸张地形容道："在美国的每一天，当你醒来手中拿着Kindle看早间新闻，然后听一曲从亚马逊音乐网站上下载来的流行歌曲，吃着从亚马逊网上商店里购买的营养麦片，下班后再从亚马逊电影库里选择一部喜剧来观看放松一下。或许未来的某一天，我们还可以坐着蓝色起源公司的太空飞船去太空旅行。几千年后，我们的后代还会听到贝佐斯这个怪才制作的最具历史价值的万年钟动听的敲打声。"

这就是贝佐斯给我们生活带来的巨变，他不仅仅革命性地改变了全球人们的传统购物方式，还改变了全球人们的阅读方式，甚至改写了传统出版界的游戏规则。他还为人类敲开了一扇通往太空的大门。

2013年《福布斯》富翁榜上，这位传奇人物的资产已经高达252亿美元。他被外界誉为最具哲学家与梦想家气质的CEO，就连美国最著名的网络媒体CNET都称他为"电子商务的教父"，在继"苹果大王"乔布斯之后，他甚至被认为是下一任互联网界"帮主"的最佳人选。

而贝佐斯的一切始于1994年。

那一年，刚刚满30岁的贝佐斯发现了一个惊人的秘密——互联网正以2300%的年增速高速增长。勇于探索的人才能够更好地把握机遇。贝佐斯并没有让这份惊奇一闪而过，他认为：这样的机会，谁错过它一定会后悔！亚马逊就是在这个灵光中迸射出的激情火花。贝佐斯用行动告诉我们一个真理：有梦想就要行动！当他勇于放下过去优越的工作，带着妻子义无反顾地开车西行创业时，远方的西雅图注定为这个勇敢的年轻人留下大展宏图的一席之地。

1995年，亚马逊正式诞生在西雅图一间狭小的车库里，从此贝佐斯开始了他网上帝国的征途。他从网上书店起家，并以惊人的速度让其发展壮大。在这场没有硝烟的商业战役中，亚马逊打垮了不可一世的百年书店——巴诺巨人，甚至逼它不得不"下了网"，一时间全球多家实体书店悄无声息地关闭了大门。

但是令无数竞争对手闻风丧胆的风光背后，却是贝佐斯曾经长达8年的赔钱经历。他经历过从天堂到地狱般的人生起伏，也在所有亚马逊人勒紧裤腰带为了远方的那个"长远价值"艰难前行时，遭受到互联网泡沫破灭引起的"暴风骤雨"的打击。美国的《商业周刊》记者在那时甚至问他："亚马逊难道没有义务为股东赚钱吗？还是说亚马逊永远不可能盈利？"而更令人吃惊的是，这一切都是贝佐斯亲自选择的！他坚持牺牲短期利益，以大大低于市场价的价格来赢得顾客的信任。他希望亚马逊是一家关注长期价值的公司。因此，亚马逊在短期必须赔钱。

在这个残酷的过程中，贝佐斯无惧流言蜚语，面对危机他学会了管理，也更坚定了信念，他凭借出色的创新能力及永不放弃的精神，带领亚马逊成功地走出危机，并奔向远方更加广阔的道路。

心有多大，梦想就有多大。贝佐斯并不是只想做书商。1998年6月，梦想着"无所不卖"的贝佐斯建立了亚马逊网上音像商店，并开始大规模地带领亚马逊向各种零售商品领域进军。当年反对贝佐斯的华尔街投资家，如今不得不承认贝佐斯"拿破仑思维"的霸气，现在的亚马逊公司已经发展为全球最大的在线零售商，而他们也获得了巨大的利润。

2003年，亚马逊公司在贝佐斯的全方位调整下终于传来了盈利的喜讯。事实胜于雄辩，贝佐斯只想告诉世人：不是亚马逊不想赚钱，其实赚钱很容易，但是他更在乎的是亚马逊能够成为一家永存的公司。

2007年，经过长达4年的酝酿，亚马逊再次赔钱推出Kindle电子阅读器，从此这匹黑马杀出重围，直接针对传统纸质书籍市场。可以说，它革命性地变革了人类阅读的方式。"怪才CEO"并不是浪得虚名，贝佐斯从不按常规出牌——紧接着他以Kindle为出版平台，和作家合作，开创了出版界的一片新天地。

　　"巨人贝佐斯"总是有天马行空的想象力，当外界都为亚马逊公司的成功喝彩时，贝佐斯并没有停止他征服世界的脚步。这一次，他做出惊世之举。为了儿时的梦想，他义无反顾地踏上了"开创太空旅行"的征程。2011年，贝佐斯经营的"蓝色起源"公司首次发射私人载人太空船并获得成功。

　　贝佐斯以切身行动验证了一句话——只要永不放弃，坚持到底，梦想就会变成现实。

　　在IT世界里，无数互联网公司一夜之间如星辰般坠落，但是亚马逊依然自信地占据着这片美丽的星空。

　　让我们一同打开一扇探索成功奥秘的天窗，你还没有走进亚马逊这个传奇的世界吗？

Amazon.com

第一章　**亚马逊王子成长之路**

■ 第一节　不折不扣的行动派

■ 第二节　心怀梦想的孩子

■ 第三节　选择缔造人生

■ 第四节　独特的创新思维

Amazon.com

第一节　不折不扣的行动派

> 在生活中，没有任何东西比人的行动力
> 更重要、更珍奇了。
>
> ——高尔基

翻开亚马逊王子成长的历史画卷，你会发现，原来每一个成功者都有一个不同的开始。一个人勇于开始，才能找到成功的路，正如夏巴尼所说："儿时的成长阶段乃是人生的重要阶段，人的品性在童年开始形成。我们长大后将成为什么样的人，取决于成长之路上的所学与所为。"

童年时代的贝佐斯就是这句话最好的诠释者。贝佐斯自小就才华横溢、极有主见，他是一个不折不扣的"行动派"。

杰夫·贝佐斯于1964年出生在美国的新墨西哥州阿尔伯克基，在他仅仅18个月大时，他的生父就抛弃了他与母亲。幸运的是，童年的不幸并没有在贝佐斯的心灵上留下阴影，而这一切源于一个叫做迈克·贝佐斯的男人——贝佐斯的继父。在小贝佐斯4岁的时候，他的母亲杰奎琳嫁给了这个善良又有责任心的古巴移民，他像真正的父亲那样爱着贝佐斯。亲生父亲的事情，贝佐斯在10岁时才从母亲那里得知，也正因为如此，贝佐斯从此有了强大的动力和决心。他要成为一个独立优秀的人，他要报答继父给予自己无私的爱，他要向父母证明，自己已经是个小男子汉了。

在贝佐斯性格塑造的过程中，还有另一位重要人士，那便是他的外祖父劳伦斯·普雷斯顿·吉斯，他是一个了不起的人物。劳伦斯曾是美国国防高级研究计划局的成员。那是一个负责研究空间技术和导弹防御系统的机构，而他们设计的计算机网络就是早期互联网的雏形。由此可见，贝佐斯30岁之后开创的亚马逊电子商务之路，是在童年时间受到了外祖父深深的影响。可见童年时代的教育与兴趣培养，对一个人的一生至关重要。

4岁那年，贝佐斯的外祖父第一次把他的小外孙接到了他在得克萨斯州科图拉的养牛场。在贝佐斯的记忆里，这个叫作"懒G"的养牛场就像是自己的儿时乐园，充满了乐趣。在那里，贝佐斯跟着外祖父学习修理风车、清理牛圈、装下水管道，甚至还学了阉牛的活儿。有时候，农场的推土机坏了，而好多活儿都需要马上用上这个大家伙，贝佐斯就在外祖父的带领下修起了推土机。在做这些事情的过程中，贝佐斯慢慢锻炼出了自力更生的能力。

贝佐斯的外祖父时常告诉他："杰夫，我的孩子，记住，所有事情都需要自己动手，而马上行动起来会使你变得富足。"

无疑，贝佐斯的外祖父是他人生的第一个精神导师与人生榜样。他在农场里用具体的事件教会贝佐斯做人的道理。

　　外祖父时常像对待男子汉一样对待小杰夫，他拍着他的肩膀，语重心长地说道："我的孩子，如果农场里什么东西坏了，我们就要自己动手，马上行动起来修理它，而且，你必须学会做一些没有经历过的、未知的事情，更重要的是你得坚持做下去，坚持到别人无法理解你的程度。"

　　贝佐斯的童年几乎是在外祖父的农场里度过的。这样的生活一直延续到了贝佐斯16岁那年。而这十多年里的每个夏天，农场上都有他与外祖父忙东忙西的身影。在那里，贝佐斯学会了独立、执着、自力更生和雷厉风行。多年后事业有成的贝佐斯甚至对媒体说，他能创立亚马逊，都是源于当年在农场的经历，那些经历为他种下了那颗梦想的种子。

　　毋庸置疑，外祖父为贝佐斯日后性格的塑造发挥了巨大的作用，而贝佐斯也遗传了外祖父的优良基因。例如，贝佐斯的外祖父是个不折不扣的行动派，遇到事情马上行动起来解决是他一贯的作风，而这一特质显然全部被小贝佐斯继承了。

　　杰夫·贝佐斯常笑着告诉许多人，他还有一个非常传奇的故事。他的妈妈告诉他：3岁那年，他对自己只能睡在一张小小的婴儿床上感到非常不高兴，他觉得自己已经长大了，应该有自己的生活空间。于是他告诉了妈妈自己不要睡护栏床的想法，却不想遭到了母亲的拒绝。妈妈为了儿子的安全

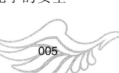

考虑，觉得3岁的孩子睡婴儿床天经地义，却不想晚上就看到了令她震惊的一幕：自己的小儿子居然拿着螺丝刀，满头大汗地试图把婴儿床的护栏拆掉。那时候起，贝佐斯的母亲就知道，自己有一个爱自由、行动力超强的儿子。作为母亲，当时的她既高兴又头疼，因为这个淘小子并不让她省心。

还有更令人头痛的事情。在贝佐斯上小学的时候，这个看起来性格有点闷并且格外认真的孩子就表现出与众不同的一面。那时候无论老师给他分配什么任务，贝佐斯都格外认真地去做。明明已经下课到了吃饭的时间，可固执的贝佐斯就是不走，他还在做着实验。无奈的老师们在习惯后不得不连人带椅子把他挪开，他才能停下来去吃饭或做别的事情。而正是贝佐斯这种超强的行动力，让他具有非同常人的顽强与固执的个性，也让他成就了日后亚马逊的传奇神话。

因为只要是他认定的事情，他就要立刻、彻底地做下去，直到成功为止。

第二节　心怀梦想的孩子

> 人类因为梦想而伟大，虽说最初所拥有的只是梦想，只是毫无根据的喜爱与追求。但是，所有的一切就是从这里出发的。
>
> ——杨志远

对于贝佐斯来说，他的梦从很小的时候就开始了。贝佐斯从小就十分喜欢电子产品，并且对机械十分着迷。他常常把家里能够拆开的电子产品都拆开再重新装上，或是躲在家中的车库里一整天不出来。所以，车库成了天才贝佐斯幼年时期梦想的摇篮，他多数时候都在车库里摆弄机器人，他还为自己建造了一个试验设备。他把家中的旧收音机都拿来改造，甚至尝试用家中已经废掉的吸尘器来建造一个真空的气垫船。总之，小贝佐斯每天都会有一些奇思妙想，他喜欢弄清楚这些机械是如何工作的。后来他的母亲常回忆说："那时候，我们家里简直就是一个废旧物品仓库，为了支持儿子的爱好，我们存了太多的音响与机器人。"

贝佐斯第一次接触到计算机，是他就读橡树河小学的时候，那时候他就对计算机表现出了浓厚的兴趣。在那个年代，电脑还没有现在这么发达，所谓的计算机就是一种终端控制主机，要想让它工作就必须通过声控电话将调制解调器与主机相连。那时候学校里面的老师都不知道该怎样使用这个高科技的大家伙。据说光安装手册就足有一本牛津词典那么厚，大家对这台计算机都敬而远之。可是贝佐斯是个例外，他从看到这台计算机的那天起，就对它产生了浓烈的好奇之心。他暗自下定决心："我一定要弄明白它是如何工作的！"

想到就要行动，那段时间贝佐斯放学后不立即回家了，他留下来偷偷地研究那些像天书一样的安装手册。他告诉自己："没有什么东西可以难倒我！"功夫不负有心人，在研究了几天后，贝佐斯已经可以简单地应用计算机了，并且他还发现主机上有一个叫作《星际迷航》的游戏。小孩子毕竟天生爱玩，从那以后，他叫来小伙伴们和他一起玩起了游戏。

小贝佐斯还有一个与众不同的地方，他是一个彻头彻尾的书虫。他热爱科幻作品，可能由于外祖父对他的影响，他对太空的一切都很着迷。他常常把自己一个人关在房间里，如饥似渴地读着经典的科幻小说。书里，有他幻想中的奇幻世界，他甚至可以在幻想出来的世界里去太空任意地遨游。

贝佐斯还热衷于发明，他最欣赏的人物是托马斯·爱迪生和华特·迪士尼。他认为这两个人物是他梦想世界里的精神领袖。爱迪生教会他创造，是个不可思议的发明家；而迪士尼则教会他具有远见卓识。

心怀梦想的贝佐斯，一直等待机会想要做出些大事情，好证明自己的能力。终于，在中学时他迈出了创业的第一步。中学毕业的那年暑假，他找到了他的好朋友乌苏："我想做些伟大的事情来证明自己，你要和我一起行动吗？"贝佐斯的双眼闪烁着自信的光彩。

"我相信你！让我们一起为梦想而努力吧！"乌苏和贝佐斯立即决定创办"梦想研究所"。就这样，还是孩子的两个人，成功地举办了一个为五年级学生暑期拓展知识的学习班。他们向每个学生收取150美元，培训时间是15天。他们教授学生们关于星际旅行、太空殖民的前景及黑洞、核裂变等有趣的科学知识。他们甚至专门为培训班打出了这样一句广告语——"梦想研究所课程强调用新的方式思考旧的领域"。

在课堂上，贝佐斯激情洋溢地告诉来参加培训的孩子们："我所做的就是让你们学会用新的思考方式去认识这个世界。"很快，他们获得了成功，孩子们都很喜欢贝佐斯的课程，大家觉得这种新型的、自由的课堂氛围非常吸引人。当地报纸还把贝佐斯的创业故事刊登了上去。

高中时期，贝佐斯对于计算机以及太空方面的兴趣越发浓厚。他开始不断地研究太空科学，并写了一篇名为《零重力是如何影响普通家蝇的老化速度的》的文章，这使他在美国国家航空航天局举办的竞赛中获奖。作为奖励，他被允许去美国宇航局马歇尔太空飞行中心参观。得到这个消息的贝佐斯，简直激动得语无伦次。要知道，对于一个超级太空爱好者来说，还有什么比这个奖励更诱人呢？

在对于这样一个企业家成长轨迹的探索中，你是否发现，原来贝佐斯的梦想早已根植心底，如果没有他对机械以及电子的这份狂爱，或许就没有今日的亚马逊帝国传奇。而他也用事实向我们表明，原来任何一种兴趣都出自于天性中有倾向性的爱好，也许还包含着一种处在原始状态中的天才的萌芽。所以说，只有"热爱"才是最好的老师。而梦想，只要你为之持久奋斗，它就能成为现实。

第三节　选择缔造人生

> 决定你是谁的，不是你拥有的能力，而是你的选择。不过，最好的选择未必是选择最好的。
>
> ——杨澜

有这样一个故事：有三个人一同被关进了监狱三年，监狱长答应给他们三个人一人一个要求。美国人爱抽雪茄，他要了

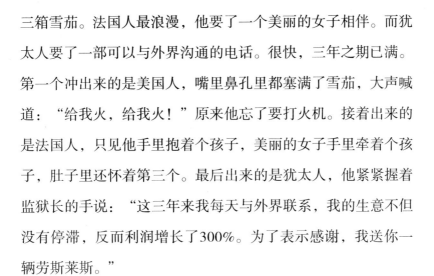

三箱雪茄。法国人最浪漫，他要了一个美丽的女子相伴。而犹太人要了一部可以与外界沟通的电话。很快，三年之期已满。第一个冲出来的是美国人，嘴里鼻孔里都塞满了雪茄，大声喊道："给我火，给我火！"原来他忘了要打火机。接着出来的是法国人，只见他手里抱着个孩子，美丽的女子手里牵着个孩子，肚子里还怀着第三个。最后出来的是犹太人，他紧紧握着监狱长的手说："这三年来我每天与外界联系，我的生意不但没有停滞，反而利润增长了300%。为了表示感谢，我送你一辆劳斯莱斯。"

这个故事告诉我们，你做出了什么样的选择，决定着你拥有什么样的生活。正是今天的选择缔造着未来的生活。因此，选择缔造人生。

贝佐斯在这方面做得非常出色。他曾说："当一个人活到80岁，追忆往昔的某个时刻时，其中最为充实、最有意义的那段讲述，会被你所做出的一系列决定填满。"由此可见，正确的选择为贝佐斯塑造了伟大的人生故事。

在贝佐斯童年时期，他每个夏天都要在外祖父的农场里度过。他的外祖父参加了一个房车俱乐部，那是一个由300多名俱乐部探险者组成的浩荡队伍。他们结伴去美国和加拿大旅行。10岁的贝佐斯非常向往能够和外祖父母一起去旅行，在他的心中，能够跟随自己崇拜的外祖父是一件十分开心的事情。

那次出游，外祖父开着车，外祖母坐在他的旁边吸烟。而小贝佐斯就坐在车后座上，他十分讨厌烟的味道。当时的贝佐斯，常常找一些借口做一些小算数或者估算题来炫耀自己的小聪明，例如他经常计算日常生活中汽车耗油量这类的小事。

这一次，他看到外祖母吸烟，脑海里突然想起看过的一则广告，是说人每吸一口香烟便会减少两分钟的寿命。小贝佐斯想起这个后，立即为外祖母计算了起来，他飞速地转动着他那聪明的小脑瓜，然后突然拍了一下前排外祖母的头，又拍了拍她的肩膀，很自豪地说："外婆，你每天吸两分钟的烟，那么你至少少活9年！"接着令小贝佐斯意想不到的事情发生了。这个本来以为会像以往一样得到夸奖的孩子，突然看到自己的外祖母放声大哭起来。外祖父叹了一口气，默默地停下车子，打开后排座的车门，等待这个闯祸的孩子下车。

在小贝佐斯的心中，外祖父是个十分睿智、慈祥的长辈，他从未和小贝佐斯大声讲过话。小贝佐斯心中忐忑不安。他想："难道是我做错了什么吗？难道外祖父会教训我吗？"可是这一切都未发生，外祖父只是认真地注视着小贝佐斯，然后平静地说："我的孩子，总有一天你会明白，善良比聪明更艰难。"

"善良比聪明更艰难。"从那一刻起，小小的贝佐斯永远记住了外祖父的这句忠告。

的确，聪明是种天赋，而善良是人生的一种选择。天赋从生下来就具备，而选择则是人类后天做出的。不同的选择，将会促成不同的人生。

贝佐斯人生中有两个重要的选择，正是他的这两个重要且正确的选择，才成就了今日的亚马逊。

贝佐斯高中毕业后，去普林斯顿读了大学，修的是物理专业。但是随着大学生活的开始，贝佐斯发现他的物理成绩并不能在全班名列前茅，而自己的兴趣一直是计算机专业。他在这个过程中唯一学会的事情就是，他并没有能力成为一个优秀的物理学家，所以贝佐斯勇于放下眼前的一切，打破常规，从物理专业转到了计算机科学专业。事实证明，贝佐斯这个抉择十分正确。换了专业的贝佐斯仿佛是干涸的土地遇到了绵绵细雨，从心到身都舒畅了。他十分热爱计算机，从小就喜欢挑战和创造的小发明家开始研究编程。这些对别人来说枯燥难懂的课程，到了贝佐斯那里，变成了非常有趣的知识。很快，贝佐斯就成为优等生协会的成员，他的计算机天赋也开始崭露头角。而这一切都证明了一个道理，那就是最好的选择未必是选择最好的。

选择最适合自己的，才是王道。

贝佐斯的第二个历史性的选择，就是他勇敢地辞掉了那份很不错又很稳定的工作。对于每一个人来说，敢于放弃已经拥有的，打破常规勇于创新，让一切从零开始，是十分艰难的。

时间回到贝佐斯30岁那年，那时候的贝佐斯得到了这样一个数据，互联网的使用量正在以每年2300%的速度增长。贝佐斯看到这个数据时被彻底地震撼住了。他从没有见过这样有潜力的市场及如此高的增长速度。因此，一个伟大的想法在贝佐斯的脑海里萌生，他想创建一个涵盖几百万种书籍的网上书店。这个想法使他特别兴奋，因为这个想法在现实世界里根本没有可能实现，而在这2300%高速增长的互联网面前，一切皆有可能。

在这里不得不提，贝佐斯有一位优秀的好妻子。他当时把这个想法告诉了他的妻子："亲爱的，我想征得你的同意，我有一个梦想，就是创办网上书店，但是这会使我丢掉工作。"

要知道当时的贝佐斯就职于一家非常不错的信托公司，待遇高，工作也顺利。这时候选择放弃这份好工作在一般人看来，明显不是一个明智的选择。因为冒险可能意味着失败，并且丧失掉拥有的一切。这对于一个已经找到理想工作的年轻人来说，实在是太冒险了。没想到，贝佐斯的妻子托尼·莫里森十分支持丈夫的想法。她温柔地望着丈夫，并坚定地告诉他："亲爱的，你应该去放手一搏，我相信你可以创造奇迹！"

得到妻子支持的贝佐斯找到了自己当时的老板，他的老板是个十分有能力并且睿智的人。当他得知贝佐斯将要做的事情时，他建议贝佐斯再考虑48小时。他和贝佐斯在公司下面的花园中散步，老板拍着贝佐斯的肩膀认真说道："如果你是一个没有理想工作的青年，我定会全力支持你这样去做。但是对于一个已经谋到一份理想工作的你来说，我建议你放弃这条充满未知的道路。"

贝佐斯最终遵从了内心的召唤，他并没有听从老板的劝告，而是勇于打破自己拥有的一切，放弃了安逸的生活，选择了冒险。这使他人生的道路彻底改变——另一种选择，另一种人生。贝佐斯当时迈出的这一步，为传统经济带来了不可预想的变革。

正如贝佐斯在大学里演讲时所说："你是想要波澜不惊，还是想要搏击风浪？你是会在严峻的现实之下选择放弃，还是会义无反顾地前行？你是要做愤世嫉俗的人，还是脚踏实地去建设？你是要不计一切地展示聪明，还是选择善良？"

的确，是选择，塑造了我们每个人不同的人生。

第四节　独特的创新思维

> 他（贝佐斯）到底是一个梦想家，还是一位哲学家？
>
> ——《福布斯》

贝佐斯具有超凡的想象力与独特的创新思维，而这种与众不同的思维，一直引导他攀向人生的一座又一座高峰。

　　贝佐斯小的时候，就表现出了与众不同的一面。他像个怪人一样，满脑子奇怪的想法。在和爸爸妈妈一起住的时候，小贝佐斯为了让自己的独立空间不被打扰，设计并制造了一个电子报警器。那时候，只要有人硬闯入贝佐斯的房间，就要"享受"下从天而降的"钉子雨"。有一天，贝佐斯的父母推开房门想看看儿子正在做什么，结果30磅重的"钉子雨"噼里啪啦砸到了他们的头上，贝佐斯的妈妈吓得大叫，爸爸对于儿子的"创意"既无奈又头疼。

　　这个调皮捣蛋的"怪咖"大学毕业后，他那与众不同的创新思维为他带来了机会。他的同学齐尔尼斯基对贝佐斯印象深刻，她认为他是个聪明独特有想法的怪人。正巧的是齐尔尼斯基的母亲格拉西娅·齐尔尼斯基，正在为她的公司Fitel寻觅优秀的计算机人才。就这样，这个有些奇怪的年轻计算机科学家被推荐给Fitel公司。在Fitel公司的两年，贝佐斯可谓是平步青云。两年时间内他凭借出色的编程技术与聪明的头脑，从经理一路升职为公司的副总裁。那一年，我们的亚马逊王子年仅23岁。

　　但是，贝佐斯并不是个安分守己的青年。他渴望在更广阔的领域里发展自己，他在心底告诉自己："我所学习的这一切，都是为了未来自己能够创业！"

　　1988年4月，他离开了Fitel公司，加入了美国的信孚银行。在他入职10个月后，他就成为公司最年轻的副总裁。这位年轻的管理者，脑子里总是有许多新鲜而奇特的想法。他发明了一种新科技，银行的客户们可以远程追踪美国信孚银行代为投资和管理的退休金及利润分配计划的情况。起初，人们都认为贝佐斯这一发明根本不可能成功，但是天才企业家的头脑加上坚忍与执着让贝佐斯获得了成功。他当时的领导哈维·赫希笑着说："贝佐斯总是有奇怪的、更好的办法来解决事情，他的能力是有目共睹的。"

1990年12月，从未停止追逐梦想的贝佐斯又跳槽到当时被《华尔街时报》誉为"计算机化销售的先锋"的D·E·Shaw公司。那一年，贝佐斯26岁，很快他从副总裁升职为高级副总裁。在那里，他给上司留下了深刻的印象。他们都觉得这个年轻的小伙子有些"怪"，而他之所以能够以如此惊人的速度晋升，根源就是他高于常人的眼界与异于常人的思维，他的思维没有局限性，这使他不得不成功。

怪人贝佐斯的创新思维不仅仅体现在工作方面，连他的爱情观都是那么与众不同。

你或许想象不到，我们如今充满魅力的亚马逊王子，在他年轻的时候，并不是很受女孩子欢迎。或许是因为贝佐斯不解风情，亦或许因为他只知道拼命工作。总之那时候的贝佐斯在女孩子眼里，是个有些呆的怪人。

对于爱情，贝佐斯决定主动出击。他要用当初华尔街银行家投资的办法来寻找一位出色的女友。他告诉自己："我要找一个像总统候选人那般的女友，她必须具备这样的标准，就是假如我被关押在第三世界国家的某个监狱里，她必须有能力把我从那里救出来！"

天啊，有谁听过这样的择偶条件，又有谁把总统候选人当成女友标准的？这种超级"男人"并且足智多谋的"女汉子"，或许只有怪人贝佐斯能够看得上。

贝佐斯十分明确自己的心理需求，他甚至说："我的人生注定要做一番大事业，而生命短短几十年，我没有时间和一个没有头脑的女人天天卿卿我我浪费生命。"

可见人生中有两件事情非常重要，一是明确知道自己到底想要什么，二是清楚自己正在做着什么。贝佐斯就是这个头脑无比清醒的怪人。

但是姻缘又岂是死板的数学公式。贝佐斯虽然列出过一张关于择偶的"女人流程表"，并且在那张破旧的表格上填满了他对未来伴侣的要求。可是上天终要安排一场美丽的意外，他邂逅了小说家托尼·莫里森，两个人很快坠入爱河。1993年，两个人喜结连理。贝佐斯这个怪人在结婚后，正式踏上了他的企业家生涯。

在未来的大数据时代，云计算的发展在等待着贝佐斯，一切都将经历一个推倒重来的过程，而眼界决定宽度，思想决定未来！

Amazon.com

第二章　　**那颗梦想的种子**
　　　　　　种下了吗?

■ 第一节　信仰是盏不灭的航灯

　■ 第二节　三个怪才的第一次相聚

　　■ 第三节　载着夫人和狗向西雅图"进军"

　　■ 第四节　打碎心中的顽石

Amazon.com

第一节　信仰是盏不灭的航灯

> 一个有事业追求的人，可以把"梦"做得高些。虽然开始时是梦想，但只要不停地做，不轻易放弃，梦想定能成真。
>
> ——虞有澄

相信贝佐斯在最开始的时候，也不曾会想到他所创建的亚马逊公司会成为今日的"电商巨人"。看来一切成功都始于观念，只要有坚定的信念，不断地坚持下去，就一切皆有可能。

贝佐斯从普林斯顿大学毕业后，就一直梦想着自己创业。这个有着远大梦想的青年，一直坚信自己的人生定会大有作为。但是当时的他还缺乏实战经验。贝佐斯对自己说："我得先等一等，还是得多去别的公司学习一下如何做生意，了解一下企业是怎么运作的。"

当时的贝佐斯还并不知道自己应该建立一家什么样的公司。只是冥冥之中，关于创业的信仰像一盏不灭的航灯，一直指引着他前进。

1990年12月，贝佐斯结识了戴维·肖。就是这个人，最

终成为将杰夫·贝佐斯引向互联网的人。戴维·肖是斯坦福大学毕业的优秀计算机科学博士。他创办了当时声名远扬的D·E·Shaw公司。当时无数数学家与计算机科学家以能够到D·E·Shaw公司工作为荣。《华尔街时报》甚至把戴维·肖的公司比喻为"计算机化销售的先锋"。而就是这样一家公司，向年轻的贝佐斯抛出了橄榄枝，在录取率仅为1%的竞争中，杰夫·贝佐斯以优秀的编程能力胜出，成了这个精英组织的一员。贝佐斯在工作中表现得十分优秀，肖常常夸奖他具有敏锐的思维与创业精神。他那奇特的思维方式及对细节要求完美的做事准则给肖留下了深刻的印象。肖认为没有几个人能够做到像贝佐斯这样，既能够对计算机编程技术有着深刻的理解和研究，又不是个书呆子，相反还能将计算机技术准确地与市场战略结合起来。肖非常欣赏贝佐斯。同时，贝佐斯也十分满意自己的老板，已经多次跳槽过的他，认为能够和"有着高超的分析能力并且口才特别好，又有着高等智慧的戴维·肖"共事，是件无比快乐的事情。两个人可谓是相见恨晚，彼此惺惺相惜。

当年贝佐斯年仅26岁，但是那时他已经是D·E·Shaw公司的副总裁了。更令人吃惊的是，1994年4月，贝佐斯再次升职为高级副总裁，成为当时纽约华尔街上最年轻的高级经理人。但是贝佐斯并没有因为满足而停止前进，他从没有忘记过自己要创建公司的梦想。这个既懂技术，又能够做许多事情的青年很快追寻到了属于他一生的梦想。

贝佐斯发现了互联网的魅力，那份惊奇与兴奋，并不亚于曾经的哥伦布发现新大陆时的惊奇与兴奋。

1994年，在那个充满生机的春天里，肖交给贝佐斯一项重要的任务，他认为互联网前途远大，命令贝佐斯去开发互联网方面的新业务。一条"不息的商河"即将诞生，而这一切，既是偶然，又是必然。

试问假如一个人把他的创业梦想当成一种"宗教式"的信仰，又能够以敏锐的视角分析出市场的规律走向。那么这个人，他日后能够创建出亚马逊帝国，是不是就不足为奇？

接到新任务的贝佐斯开始认真地研究互联网，很快他就被自己的发现震撼了！这个从小就喜爱计算的怪人，再次拿出他的看家本领，他的头脑飞速地运算着，一个惊人的统计数据横空出世：互联网每年以2300%的速度增长！设想一下，假如一个集市有100人，每年以2300%的增长率增长，那么一年以后这个集市就会有2400人。不要小瞧这2400人，再假设这个增长率不变，那么三年后这个集市就会有180万人！这时候的贝佐斯不再淡定了，他的双眼闪烁着兴奋的光彩，他开始不受控制地放声大笑起来，并自言自语道："天啊，我的机会来了！这不就是我一直在等待的机遇吗？在正常情况下，有什么可以有2300%这样增长的神速！哦，我的上帝，这太不寻常了！"兴奋之余，贝佐斯很快也冷静了下来，他陷入了深深的思考之中："到底开拓一种什么样子的商业才能够最大限度地发挥互联网的优势？做一个什么项目才能够真正大赚一笔？"

贝佐斯觉得他已经看到了未来的互联网发展前景，他预测在短时间内必将出现一个庞大的互联网使用人群。不是说"有人的地方就有江湖"吗？那么有了这个平台，他到底应该做些什么呢？

贝佐斯认真地思索着，他要创办一家可以将互联网的增长率与科学知识和客户需求完美结合起来的公司。眼下他最大的难题就是要想清楚应该出售什么商品。记得以前他遇到难题的时候，就习惯画一张详细的流程表来分析事情的各种利与弊。正如他当年找女朋友时列出的配偶选择表一样，这个怪人又把自己关在了书房里，专心地画起了网络销售的交易流程表。

贝佐斯在他的表上列出了能够在网上销售的30多种商品，他一项一项地分析着各种机会的成功率与可行性。在那个月色温柔的夜晚，一个未来电商王国的领袖，为他的梦想，在那一张张洁白的纸上，到底写下了怎样的字符？

天亮了。

贝佐斯找到了答案，他的答案就是书。

网络图书销售的优势与前景，这个天才梦想家已然清楚明了。

贝佐斯之所以选择图书，主要原因有两方面。一是当时的美国图书年出版量已经超过130万种，并且图书市场尚未形成垄断，大的连锁书店只有两家——巴诺和博德斯。这样算起来，加上其他无数个独立的小书店，美国图书市场的发展空间还是相当大的。而且，贝佐斯的目光不仅仅停留在美国这块土地，而是长远地看中了全球图书每年300万的出版量，这将是多么庞大的一个潜在市场！他开始梦想成为全世界最大的网络图书销售商。

第二个原因听起来非常有趣。他选择图书竟是因为儿时的兴趣以及那时一个未完成的心愿。小时候的贝佐斯非常喜欢看书，他的家中堆满了各种科幻小说、漫画以及一些已经绝版的小人书。贝佐斯从小就对卖东西有着特殊的热情，而当时的他也表现出商人的一些特质。那时候，他每看完一本书，并不像其他孩子一样保存好，而是把这些书摆在自己家的草坪前来叫卖。他在卖书的过程中体会到了从未有过的满足感，这也慢慢地成了他的一种爱好。他时常心想，能够用卖掉旧书赚的钱，再去换一本新的书，这是一种多么美妙的事情。就这样，贝佐斯直到大学毕业，甚至已经工作后，还时常在自家门口摆摊出售自己的旧书。这使他的母亲非常头疼，看着已经快30岁的儿子，即使拥有了一份体面的工作，却还喜欢在下班后摆书摊，这使她完全不能忍受。最后，贝佐斯的母亲决定拿出母亲的威严，来镇压儿子这种"嗜好"，她禁止贝佐斯再在家门口出售旧书，否则就把儿子赶出家门。面对母亲的强硬态度，贝佐斯哭笑不得。就这样，他不得不把自己的全部图书进行了整理，打算最后一次全部处理掉。当时除了一本破旧的绝版书，孤零零地躺在冰冷的草坪上，尽管价格低至极点，仍是无人问津，其余的存货很快就全部卖掉了。那是一本1964年出版的《蜘蛛侠》，在它的身上随处可见贝佐斯阅读过的痕迹，甚至连书的封皮都已经因为磨损而消失不见了。贝佐斯心想："如果想把这本书卖掉，那就只能把它放在一个买家看不到它的地方了，那也就只有在网上。因为看到它的人是不会买它的。"

那一夜，那本《蜘蛛侠》被贝佐斯拿了出来，他看着这本没有封皮并且破旧发黄的爱书，更坚定了自己要做网络图书销售的信念。想着自己曾经为了能够卖掉它打过网络的主意，贝佐斯不禁笑了。因为昔日的异想天开，竟成为现实。

贝佐斯很快找到了他的老板肖，并把这个详细的计划告诉了他。但是令贝佐斯没有想到的是，戴维·肖并不看好这个项目。因为对于一家金融公司来说，一下子转型跳到他们未知的图书销售领域，这实在是太不可思议了，而且，前途有诸多未知的风险。这个在贝佐斯眼里的"摇钱树"，在当时众多人眼中，却仅仅是一个十分"天真"的想法。相对于传统行业的稳定性，互联网发展的不确定性让肖望而却步，他并不同意去冒这样一个风险。

但是贝佐斯不同于常人的地方就是，只要是他认定的事情，他就会如信仰般坚定。机会之所以垂青那些有准备的人，其实最重要的原因就是这些人懂得发挥自己的主观意识，来听

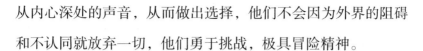

从内心深处的声音，从而做出选择，他们不会因为外界的阻碍和不认同就放弃一切，他们勇于挑战，极具冒险精神。

经过深思熟虑后，贝佐斯找到了自己的老板肖，交给他一封写好的辞职信。

"肖，这么多年，我很高兴能够为你工作。但是这一次，我要去开创自己的公司了。"

肖非常吃惊，他不懂为什么眼前这个男人愿意放弃公司高级副总裁的职位，去开创一家前途未卜的新公司。他试图劝说贝佐斯放弃："杰夫，我知道你有着远大的理想，可是我的公司不是一直给你自由发挥的空间吗？你已经不是20出头还没有稳定工作的小伙子了。别忘了你已经结婚了，你还有家庭，你更需要一个收入稳定并且体面的工作，不是吗？"肖握住贝佐斯的手，真诚地挽留他。

两个人在公司外的花园里边散步边交谈着。良久后，贝佐斯转过头，无比认真地看着肖的眼睛："我的老朋友，我已下定决心，没人可以改变我。祝福我吧！"

那一年，是历史上的1994年，当时，繁花似锦。

如果当时贝佐斯没有坚持，就不会有亚马逊。正是因为他对梦想的执着，上帝才给了他别人没有的机遇。

第二节　三个怪才的第一次相聚

> 我知道如果失败了，我不会后悔，但我
> 一定会后悔我从未尝试过。
>
> ——杰夫·贝佐斯

递交辞职信后，贝佐斯就立即为了他的创业梦想筹划了起来。他意识到自己应该越快越好。

"我的上帝，如果互联网每年以2300%这个增长率增长的话，我再不快点那不就是要错过最好的商机、失掉大笔的财富吗？哦，不，那样太可怕了。"这个商业奇才开始忙碌了起来，他被这种紧迫感催生出无限的动力。贝佐斯深知，在美国，越早成立公司，越早占领市场与俘获客户，树立知名品牌的成功率就越大。

贝佐斯遇到的第一个难题，就是他急需要人才。在他构想的"伟大蓝图"里，不能只有他一个光杆司令，他需要工程师及合伙人，可是这些人在哪儿呢？

试想下，一个刚刚30岁的年轻人，几乎没有资金，他想建立一个世界上最大的网上书店，并且，他还不想有任何库存。那么这样的他应该拿什么去说服别人去加入他的"梦想计划"？贝佐斯就是这样一个人，即使周围的人都认为这件事情难如登天，他也会毫不犹豫地去做，因为尝试过，就不会后悔。况且，他有自信会成功。

在这个过程中，他优秀的交际能力与说服他人的能力展露无遗，而这一切，根源还是他"有工程师严谨周密的逻辑思维能力的同时，还拥有感性与理性并存的高超做事能力"。这个怪人先是获得了家庭的大力支持。他的父母与妻子对于贝佐斯要做的这件事情表示十分赞同。

"因为我的儿子从未让我们失望过，再者，如果我们不让他去做，也是阻挡不了他的，只要是他认定的事情，他就会锲而不舍地坚持到底。"贝佐斯的母亲后来曾这样说道。

得到家人大力支持的贝佐斯开始动用他之前工作结识的商业人脉。他常常给 D·E·Shaw 公司的朋友们打电话，鼓动他们加入他的公司。得到消息的戴维·肖不得不对贝佐斯下了"禁令"，他愤怒地打电话给杰夫："嗨，老伙计，你的离开已经使公司损失很多了，我只有一个要求，不许在我这里挖人！"

"哦，好吧，别紧张老朋友，我只是打电话给以前的同事，让他们帮我介绍下别的公司的人才。请祝福我吧，肖。"贝佐斯知道自己应该珍视和肖相处多年的友谊，他选择通过之前的同事来介绍他所需要的人才。

彼得·拉文索尔就是杰夫·贝佐斯在肖公司里很要好的朋友，他深知贝佐斯的才华与能力，他表示愿意帮杰夫这个忙。很快，拉文索尔为贝佐斯介绍了一位斯坦福大学毕业的研究生，他的名字叫赫博。当时的赫博在加利福尼亚已经很有名气，他和一位叫做谢尔登·J·谢尔·卡凡的人合伙创办了一家与互联网业务相关的公司。卡凡毕业于加利福尼亚大学的圣克鲁兹分校，是位优秀的数学学士。在遇到贝佐斯之前，卡凡这位高级工程师的名声早已传遍了硅谷，只是，他一直没有找到可以让他尽情发挥才华并让他大赚一笔的新公司。

1994年春，卡凡和他的搭档赫博也正在寻找一个可以和他们合作的人，因为多年来两个人创办的新公司一直存在一个致命的弱点。卡凡找到好友兼搭档的赫博说："兄弟，我们需要有一个优秀的商业人士与我们合作，你知道的，我们最大的弱点是咱俩都是技术人员。"

赫博停下手头的工作，为卡凡倒了杯红酒，两个人边品尝边讨论着："嗨，伙计，要说在硅谷，还没有几个人敢说技术超过咱们两个，可是我们并不太懂营销与管理，至少，我们需要一个行家帮助我们管理市场并且进行融资。"

"是的，那个人最好还懂计算机编程设计。有了这个人，加上咱们兄弟两个，我们就能干一番大事业了！"卡凡和赫博决定去寻找这样一位商业人士。

中国有句俗话说的好："三个臭皮匠，顶一个诸葛亮。"历史终究让贝佐斯与赫博和卡凡相遇。因为贝佐斯正是他们最需要的商业人士，而卡凡与赫博又正是贝佐斯寻找的加盟人才！在拉文索尔的介绍下，他们三个一拍即合。

那是一个阳光明媚的早晨，三个怪才终于相见了。他们选择在圣克鲁斯的一家咖啡厅吃早餐。三个人非常投缘，彼此欣赏。他们一边吃着早餐一边就合作的事情展开了激烈的讨论。

"杰夫，我喜欢你这个创建在线书店的点子，要知道，这很容易获得利润。嘿，你还对金融事项如此精通，这真是让我意外！你就是我一直想要找的人。"卡凡边喝着香醇的咖啡，边真挚地说，他的眼中流露出遇见知音的那份快乐。

"卡凡、赫博，真高兴遇见你们！我有种预感，咱们三个一起做这件事情，一定会成功的。怎么样，我想要雇用你们，让我们一起做一件大事情吧。"贝佐斯浑身充满了活力，他的自信与激情感染了面前的两位同道中人。他们三个很快达成了共识。

多年后，作为亚马逊最初合作伙伴之一的卡凡曾这样回忆他们的第一次相见："我之所以选择为贝佐斯工作，就是因为第一次见到他，我就感觉他是个注定会成功的人，因为，他对于未知的事情毫无畏惧，并且充满自信。他相信我们，让我以我最好的方式去工作，这种信任与自信，尤为重要。"

第三节　载着夫人和狗向西雅图 "进军"

生命要不是大胆地冒险，便是一无所获。

——海伦·凯勒

但凡是卓越的人，都有一个共同的特性，便是在思想上或行为上最能追求，最能冒险。这种卓越性，使他们因为冒险，而获得上帝的格外馈赠。

贝佐斯正是如此，他3岁就敢于冒险自己动手拆除婴儿床，可见他的骨子里流淌着热爱冒险的血液，这种天性，在他创建公司的时候，更加完全地彰显出来了。

找到卡凡和赫博这两个合伙人后，贝佐斯开始进行下一步计划，那便是为自己的新公司进行选址。贝佐斯并不是一个有着特别明确目标的商人，他做一切事情更喜欢边分析边去做，更多的是去冒险。他喜欢这种感觉，一切都充满了未知与刺激。但是他并不是盲目的，这个怪人有着专属于自己的一套方法来做出决定。没错，还记得他那个选择女友的流程表吗？贝佐斯在做任何抉择时，都喜欢把自己关在书房里，在那一张张白纸上涂画着，一个交易流程表，完美地帮助他做出了决定。

　　那是一张被各种词汇密密麻麻填满的表格，上面用红笔重重地标出了三条。原来这就是贝佐斯定下来选择地址的三条标准。贝佐斯认为，公司选址一是要在大型经销书商仓库附近，这样他在供货方面就会节省不少成本并且保证发货速度。二是该地应该有大量的软件技术人员以及了解计算机的企业家，这样可以方便公司日后发展壮大时吸纳人才。三是该地必须是个主要城市的交通枢纽之地，这样他就可以用最快的速度把书送到全球各地买书人的手中。他想，这些至关重要。

　　贝佐斯思来想去，符合以上三个条件的城市并不是卡凡曾向他建议的硅谷，而是另一个美丽的城市——西雅图。西雅图依青山傍绿水，四季如春。它也是微软与波音公司的诞生地。最重要的是，它有便利的交通，而且它正在转变为一个主要的科技中心，那里有许多的科研公司，例如Adobe和任天堂。更吸引人的是西雅图的房价和租金都十分便宜，这非常适合贝佐斯创建新公司。贝佐斯还了解到，在西雅图附近，就有一个美国英格拉姆图书集团的配送中心。

　　这一切都吸引着贝佐斯。遇见西雅图，仿佛早已注定。

　　当然，贝佐斯还有其他的选择。这里面还有一个传奇的故事。当卡凡听说杰夫·贝佐斯打算选择西雅图后，他非常失望，并试图劝说他改变主意："嘿，杰夫，能不能考虑下加利福尼亚，毕竟圣克鲁兹是我从小生长的地方，那里有我更多的

人脉。"显然，卡凡并不想远离家乡。赫博的反应更是强烈："杰夫，很抱歉，如果你选择离开圣克鲁兹去西雅图的话，那我就不能加入你们了，毕竟我的家在这里。"

贝佐斯并不想失去赫博这个合伙人，但是他更不愿放弃自己的决定。他打算边旅行边做出最终的决定。在1994年那个漫天扬花的美丽季节，贝佐斯打包了他与妻子在曼哈顿家里所有的物品，然后把房子卖掉了。一场被后人传颂的创业旅途即将开始。

"亲爱的，让你跟着我四处奔波，放弃安稳的家去创业，你愿意吗？"杰夫觉得有些对不住自己的新婚妻子。"杰夫，你是我的丈夫，你做的一切我都无条件支持，你去哪里，我就去哪里！"莫里森深情地望着丈夫，眼神无比坚定。不得不说，贝佐斯有一位好妻子。看来每一个成功的男人背后，都有一位称职的妻子。作为一个男人，能够得到爱人无私的支持与陪伴去开创属于自己的事业，这是何等的幸福！贝佐斯的激情爆发了出来，他下定决心要为爱妻打下"一片江山"。

贝佐斯带着爱妻以及家中的宠物狗，开着父亲送给自己的那辆1988年产的破旧雪佛兰开拓者汽车，听着车上放着的轰鸣的摇滚音乐一路西去。当时的贝佐斯并没有做好最后的选择，走之前他打电话给搬家公司，告诉他们自己打算在科罗拉多州、华盛顿、西雅图三处地方选择一处落脚，等他选定后立即通知他们，而自己的全部家当，只管先往西运就行。搬家公司还是头一次遇到这样一位"特别"的客户。连去哪里还没确定，就敢带着全部家当旅行的人，恐怕也只有贝佐斯了。

在路上，贝佐斯让妻子开着车，自己则用一台笔记本电脑勾画着一幅关于未来亚马逊的壮丽蓝图。望着路上的苍翠美景，那连绵不绝的青山绿水为贝佐斯带来无限灵感。未来的电商王国亚马逊的雏形计划，就这样在旅途中诞生了。直到车行驶快到美国西海岸时，贝佐斯才确定要去西雅图。这时候他给搬家公司打了电话，告诉搬家公司他们的地址，他们的所有家当一周后到了西雅图。

卡凡是第二个敢于冒险的人，虽然赫博放弃了，但是卡凡愿意赌一把，他接到消息后下定决心跟随贝佐斯。他说："我愿意放弃熟悉的环境去西雅图，只有一个原因，那就是贝佐斯让我感觉他是个注定会成功的人，而让全世界的人都可以随时有书买，这是个不错的梦想，这比起我在加利福尼亚的工作，实在有趣多了。"卡凡加入了贝佐斯的公司，但是他并没有像贝佐斯那样不顾一切，他为自己留了些后路。他租了一辆搬家公司的大卡车，只把部分家当运送到了西雅图，他在圣克鲁斯的家中保留了大部分的家具，而他也并没有卖掉或出租掉自己的房子。他想："万一这个计划失败了，我还可以回家！"

的确，试想下，有几个人能够像贝佐斯一样疯狂？他极具冒险精神，为了自己的梦想毫不犹豫地出发了，丝毫没有给自己留退路。因为他知道，他只许成功，不许失败。事实上大多数人在心里都有一个安全地，那个安全地往往是家，或是从小生长的地方，很多人不愿走出这个安全地，毕竟走出后，前途就是未知的。但是贝佐斯不同，他认为每一段旅途与经历都像一颗珍珠，无论精彩还是黯淡，只有敢于尝试去做，才能串出人生的美丽。

幸运的是，他串出了全世界最辉煌的"电商帝国"。

第四节　打碎心中的顽石

只要敢于去做，就没有什么能够阻挡自己内心深处的向往。

——杰夫·贝佐斯

其实，很多时候，并不是我们没有成功的潜力，而是在没有尝试前，败给了心中那个怯弱的自己。我们发现，往往阻碍我们去发现、去创造的，仅仅是我们心理上的障碍和思想中的顽石。

有这样一则小故事：从前有户非常有钱的人家，他家的菜园里摆着一块大石头，这块石头看起来高十公分，宽四十公分。许多人来到菜园里，都会不小心地踢到那块大石头，不是踢疼了脚，就是摔倒受伤。这家的儿子问父亲："爸爸，那块石头那么讨厌，为什么不把它挖走？"爸爸回答："你说那块石头？从爸爸小时候，你爷爷尚在的时候，这块石头就在那里了，你看它那么大，不知道要挖多长时间才能挖走。没事无聊挖石头，不如走路时大家小心注意点啊。"就这样，十多年过去了，这块石头留到了下一代，当时的儿子娶了媳妇，当了父亲。有一天媳妇气愤地找到公公："爸爸，菜园里那块讨厌的大石头，它总是绊倒我，我真是忍受不了了，改天我要请人把它搬走。"爸爸回答道："算了吧，那块石头很重的，可以挖走的话我小时候就挖了，哪里会让它留到现在啊？"媳妇心里非常不服气，那块破石头已经不知道让她跌倒多少回了，她取了锄头和一大桶水，准备自己动手试一试。她先将水倒在了石头的周围，十几分钟后，媳妇用锄头把大石头四周松动的泥土挖开。她早就做好了要挖许多天的心理准备，可是令她万万没有想到的是，才挖几下，那块石头就被挖出来了。原来，这块石头并没有想象中那么大，大家都是被它那巨大的外表蒙骗了。

由此可见，世界上所有的事情只要肯努力去做，或许它并没有那么艰难。而在做一件事情之前，许多人都被心中的"顽石"吓住蒙骗住。因此，请打碎心中的顽石，勇敢地迈出第一步。

贝佐斯在这方面做得非常出色。他以前的老板齐尔尼斯基曾经这样评价过他："贝佐斯最了不起的地方就是他的想法没有局限性，并且，他对于要做的一切事情，从来没有心理障碍。"

相信许多年轻人都想问这样一个问题："贝佐斯早期并不是个十分富有的人，那他创业的资金是从何处来的呢？要知道谁都想创业，但是资金的问题可让许多人望而却步。"的确，如果没有雄厚的资金支持，"亚马逊"这颗梦想的种子，即使有了西雅图这块肥沃的土地，有了优秀的贝佐斯与卡凡这种辛勤富有智慧的园丁，可是没有金钱的浇灌，它也不会生根发芽，更别提开出美丽的花朵了。

只要是贝佐斯想要的，他就敢于去做。没有资金是吗？那好，他告诉自己："只要我成功地把自己推销出去，就不愁资金！"当时，他找到了KPCB投资公司的重要人物约翰·多尔。两个人约好了在西雅图KPCB投资公司的总部相见。

"你好，多尔先生。就一个绝佳的商业计划来讲，我觉得以KPCB投资公司在网络界的声望，我们有理由合作！"贝佐斯浑身上下都洋溢着青春与激情，他的自信深深地震撼了约翰·多尔。他很好奇，是什么使这个初出茅庐的青年如此自信甚至狂妄？因为面对困难没有心理障碍，贝佐斯勇敢地往前走，所以才有了机遇。

经过长时间的交谈，这位毫无畏惧敢想敢做的小伙子用他远大的抱负及极富可行性的创业计划打动了多尔。

"杰夫，我可以投资给你，但是我有个要求，就是我要独自买下你的全部股权。"最后经过商议，贝佐斯取得了KPCB投资公司800万的资金，多尔则以800万买下了亚马逊公司15%的股份。两家公司从那时起建立了深远且友好的合作关系。贝佐斯就是以勇敢与机智，加上他的个人魅力，获得了人人觉得难求的创业基金。

　　正如我们的伟大领袖毛泽东所说："世上无难事，只要肯登攀。"如果当初的贝佐斯面对资金难题望而却步，哪里还会有今天的亚马逊帝国？

Amazon.com

第三章　**梦想变为现实——不息的**
商河亚马逊诞生

■ 第一节　车库小世界里的大世界

■ 第二节　"尸体"这个名字吓到我了

■ 第三节　投石问路的早期经营

■ 第四节　像火星人一样思考

Amazon.com

第一节　车库小世界里的大世界

> 创业者要有吃苦20年的心理准备，他要想好未来的路怎么走。吃苦耐劳是成功者必备的一种素质。
>
> ——马云

如果你问我，车库是用来干什么的？我会毫不犹豫地告诉你，除了停放车辆，它还有更伟大的用途。

当年乔布斯在车库里艰苦创业，折腾出个令全世界震惊的苹果公司。比尔·盖茨最初也喜欢在车库里捣鼓他的事业，结果诞生了世界首富和他的微软帝国。另外惠普公司的传奇也是诞生在车库里。由此可见，小车库中有大世界，它体现的是美国的一种创业文化。许多创业者在刚刚起步的时候，能够吃苦、勤俭节约，在便宜的车库里边凑钱边干事业，这是非常值得称赞的一件事情，而且在美国，没有人敢轻视车库里的公司，更有人戏称"车库是美国IT业的摇篮"。

当年贝佐斯开着车载着夫人与狗终于到达西雅图后，他开始寻找一个合适的办公地点。贝佐斯同样崇尚美国的车库文化，他也要找一个车库，这样他就可以宣称他的新公司也是在车库里诞生的了，并且这还可以为他节省很多费用。

很快，他们在西雅图郊区的贝尔维尤第28街相中了一处三居室，这处房子的租金相当便宜，每个月仅仅需要890美元，最重要的是，它有一个非常大的车库。

有了落脚地之后，贝佐斯开始四处拜访他所熟识的朋友们，希望他们可以帮助他推荐一些精通计算机软件的高手。毕竟，现在他的新公司只有卡凡和自己夫人的加入，可惜的是赫博并没有加入他的公司，因为那个伙计并不愿意离开他的家。多年以后，看到亚马逊有了今日这般成就，不知赫博会不会后悔当初的选择。

贝佐斯很快联系到了在计算机科学领域非常有名的华盛顿大学的计算机科学与工程学院的院长柏莎德·布瑞恩。

柏莎德·布瑞恩在朋友的带领下见到了这个远道而来的小伙子，看着站在眼前还十分年轻如同大男孩一般的杰夫·贝佐斯，他对贝佐斯并没有特别好的第一印象。"杰夫，虽然你向我描述了贵公司的远大蓝图，但是请允许我诚实地说，我觉得这是一件非常冒险的事情。"布瑞恩院长上下打量着眼前穿着牛仔裤和白衬衫的贝佐斯，点燃了手中的雪茄。

"尊敬的院长，请您帮助我推荐贵院的人才，相信您日后不会后悔今日所做的一切，而我将万分感谢！"贝佐斯不卑不亢充满自信地说道。

"哦？既然你有这么大的自信，那我就提前祝福你了，年轻人。但是我必须对我院优秀学生的未来负责，这样，我群发一封邮件给我院所有计算机专业的学生，如果有人认可你的创业最好了。"布瑞恩突然被眼前这个男人眼底绽放的自信与坚定打动了。他觉得或许人不可貌相。

"谢谢您，院长先生。"贝佐斯热情地拥抱住布瑞恩，发出他一贯夸张的笑声。贝佐斯积极乐观的态度在不知不觉中影响到布瑞恩，布瑞恩心情大好，两个人畅快地交谈起来。这次合作，是亚马逊与华盛顿大学的第一次合作，当时的布瑞恩并没能料到，日后他眼前这个男人将建立一家举世闻名的公司，而未来的他将要雇用许多从华盛顿大学毕业的优秀工程师。

很快就传来了消息。一位叫作保罗·巴顿·戴维斯的软件工程师对贝佐斯的新公司及项目非常感兴趣，他决定要试一试。

1994年的秋天，注定是个收获的季节。贝佐斯以及卡凡终于和戴维斯见面了，他们边喝着香醇的咖啡边聊着天。

"戴维斯，你知道吗，见到你真高兴。嘿，你的名气实在是太大了，我经常在互联网上看到你的名字！相信我，加入我的公司，我会让你大展宏图！"贝佐斯显得非常高兴，他友好地拍着戴维斯的肩膀，热情地说道。

"杰夫，说实话，我是被你想要创建一家世界上最大的虚拟网上书店的远见吸引而来的。否则我不会来一家刚成立的小公司。我觉得这项工作听起来非常有意思。"戴维斯认真地看着贝佐斯的眼睛。在他的眼睛里，戴维斯找到了一种奇妙的感觉，仿佛有个声音在不断地和他说"贝佐斯值得你追随"。

很快三个人一拍即合。戴维斯正式加入了亚马逊，成为这家新公司的第二名员工。

亚马逊的第三名员工就是贝佐斯的妻子莫里森。这位一直默默站在贝佐斯背后支持他的女人极具吃苦精神。亚马逊起步时，她跟随丈夫一起创业，在那个狭小的车库里，莫里森像个不停旋转的小陀螺似的忙得脚都不沾地。她既要接听客户的电话，然后统计信息、下订单，又要负责采购、秘书的工作并且兼职会计。由于不是会计出身，她还要利用休息的时间去参加一个会计的学习班。在丈夫带领两员技术大将忙碌时，作为公司里唯一的女性，她还要为这三个男人做出美味的食物。这位优秀的妻子真的像当初杰夫希望的那样成了一位"女超人"，她身兼多职，在亚马逊公司创业初期立下了汗马功劳。莫里森虽然没有卡凡及戴维斯优秀的编程技术，但是她用女性特有的温柔与坚忍以及妻子对丈夫深深的爱为贝佐斯的创业带来了源源不断的动力。

1995年7月5日，亚马逊公司正式成立了。那个仅仅37平方米大小的车库办公室没有豪华的装修，没有舒适的办公环境，有的只是一张用破旧的门板和一些废木棍钉成的桌子和贝佐斯在附近工地上偷偷"顺"来的几把破椅子。而公司最值钱的东西就是卡凡和戴维斯这两名"御用"设计师的旧电脑了，那还是从附近的大学里低价买回组装的。此外就是一个刚刚买进的路由器，那是贝佐斯为了测试他们新设计的在线购物网站的稳定性才购买的。

在那个异常简陋的车库里，贝佐斯及公司最早的三名员工开始了他们小世界里的大创业之旅。吃苦耐劳是创业者的一大竞争优势，也是初创业者长远发展的重要保障。正是因为贝佐斯和他的创业伙伴们艰苦地奋斗，才有了未来的亚马逊帝国。相信没有人会嘲笑这间车库公司的简陋，正如大人不会嘲笑盈盈学步的幼儿一样，对于有梦想的人来说，车库里同样可以产生奇迹。

第二节　"尸体"这个名字吓到我了

我们将发明一种前所未有的新事物。尽管这种新事物究竟会是什么模样、它会怎样改变人们的生活，还是未知的。

——杰夫·贝佐斯

1995年，亚马逊正式诞生在一间简陋的车库里，在那里，贝佐斯带领自己的妻子及卡凡、戴维斯开始践行了电商帝国的梦想，从最早的线上图书零售到电子商务巨头；从Kindle生态系统的成功搭建到云计算领域里的霸主……贝佐斯带领亚马逊一路勇敢前行，而亚马逊的飞速发展与蜕变，也向世人展示了贝佐斯的远见卓识及创造力。

亚马逊在创立之初，关于它的名字曾有一段非常有意思的故事。原来贝佐斯刚创建公司的时候，他曾为自己的公司取了一个超级"雷人"的名字。当他开着车载着妻子还一路西行的时候，这位怪人没事就开始琢磨要为公司起个什么名字。当车快进入西雅图时，杰夫给自己的律师托德·塔伯特打了电话："嘿，伙计，我想好公司的名字了。就叫Cadabra，帮我注册一下。"贝佐斯兴奋地说道，他为自己取的这个名字感到非常满意。

"什么？杰夫，你说什么？哦，我的天啊！Cadaver？你确定是Cadaver？"这位严肃的律师简直不敢相信自己的耳朵。他的这位怪人好友真是太不按常理出牌了，要知道Cadaver可是"尸体"的意思！这太令人感到惊悚了。

"哈哈，老伙计，怎么样？我取的这个名字很棒吧。你知道吗，我可是摘取了魔术师反复吟诵的那句咒语abracadabra中的一部分。哈哈这样我的新公司就有魔力啦。"贝佐斯在电话里一边发出他特有的笑声，一边自我陶醉着。

"哦，不，杰夫，不行，天啊，我只感觉到这个名字像

'尸体'。"律师托德·塔伯特感觉自己的心脏受到了挑战，他没办法消化掉这个"奇特"的公司名字。

卡凡是第二个接到贝佐斯电话并得知这个听上去很像"尸体"的名字的人。"哦，不，我的上帝，这听起来像个惊悚谷，哪里像高科技网络公司。杰夫，你能不能换个名字！"卡凡表示没有办法接受，他甚至说："听到这个消息后让我差点返回圣克鲁兹！"

这就是与众不同的怪人贝佐斯奇特的思维，因为他从不按常理出牌，你永远不知道下一秒他的脑子里在想些什么，而又有哪些稀奇古怪的东西会破壳而出。

最终贝佐斯也意识到了自己取的这个名字过于古怪。经过三个月的深思熟虑，"Amazon（亚马逊）"这个名字终于诞生了。杰夫最后之所以用"亚马逊"命名自己的公司，主要有两方面的寓意。一是因为亚马逊的英文首字母是A，当人们进行网络搜索时，A作为字母顺序中的第一个字母，Amazon将占尽优势，在搜索引擎中总会排在首位优先出现。另一个原因就是亚马逊是世界上最大并且流域最广的河流，这寓意自己的公司将能够像亚马逊一样成为一条不息的商河，将来誉满世界。

从此处我们就可以看出贝佐斯的雄心壮志。在亚马逊还是一个名不见经传的小网络公司的时候，贝佐斯就常常告诉自己："我将使全世界的每一个角落里的人都能够购买到自己最想要的书，而且，不仅仅是英文书，还包括各国家的书。这个想法将打破地域的局限。"

为了打响品牌，贝佐斯更是在广告方面投入了大量的精力。贝佐斯认为，要让"亚马逊"成为真正的品牌至关重要。他曾对自己的员工说："在这之前，客户们并没有网络可以用来传递自己的心声，所以那时候大多数企业家通常是花费三成的时间来为顾客创造好的购物体验，然后再用七成的时间来大肆宣传。但是今天亚马逊要不同以往，我们应该以七成的精力去创造顾客的购物满意度高的体验，而只花三成的精力去宣传。因此，这三成的宣传怎样做到七成甚至更好的效果至关重要。"

的确如此，贝佐斯在创业初期，就想尽办法把自己的公司推销出去。他又拿出了自己最喜欢用的利弊分析流程表，他把自己关在书房里，又一次在纸上涂画着。这个怪人最终决定在美国大大小小的网站上开始下手。那时候，几乎你点开任意一家网站的网页，都可以看到亚马逊的标志和关于亚马逊的大篇幅的商品介绍。贝佐斯还有另外一个不同于当时大多数决策者的宣传策略：他选择在很少有人会选择的报纸和杂志上宣传自己的公司，从小爱思考的贝佐斯再次展示出了他的远见卓识。他分析说："我想大多数喜爱图书的人一定都有良好的阅读习惯，那么他们也一定喜欢看杂志和报纸。哦，天啊，看来我还可以在报纸与杂志上进行轰炸式的广告宣传，这一定管用。"

事实证明，贝佐斯的决策是正确的。贝佐斯正是以这种非凡的远见与自信，带领亚马逊一路飞速发展。仅仅用了3年的时间，"亚马逊"就成了一个家喻户晓的名字。

由此可见，世界终会向那些有目标和远见的人让路。而作为一位充满智慧的企业家，贝佐斯永远践行着"明者远见于未萌"的哲学理念。

第三节 投石问路的早期经营

> 在亚马逊，我们的三大理念坚持了18年。从创业初期到今天，从没有改变过。这就是我们成功的原因——顾客至上、创造、学会忍耐。
>
> ——杰夫·贝佐斯

1995年7月16日，亚马逊网站终于上线运营了。贝佐斯带领他的技术大将们提前开发出优质的商业网站，以最新的高科技和最简易操作的"一点通式"设计打败了许多与其同时出现的商业竞争对手。那么最初的时候，贝佐斯带领着卡凡及戴维斯两员大将又是怎样努力的呢？

创业初期，贝佐斯公司里最值钱的玩意儿就是那几台电脑了，这几台电脑也最大化地发挥了作用。贝佐斯一直坚持节俭文化。公司上下，能自己动手制作出来的东西，绝不出去买。儿时与外祖父在农场里学会的自力更生能力与创造力在贝佐斯创业过程中发挥出巨大的作用。杰夫告诉卡凡和戴维斯："虽然现在市场上有许多已经开发好并且经过严格测试的软件，但是我还是坚持亚马逊自己开发最适合自己的软件，这对我们公司未来的发展至关重要。"

的确如此，鞋子合不合脚，只有自己试过了才知道。戴维斯负责开发后台运作的系统，经过不懈的努力，他设计出一套最方便操作的交易流程。而卡凡负责亚马逊网站软件的前台运营。其实在最开始的时候，卡凡和戴维斯并不是最专业的，因为他们都不是零售数据库系统领域的专家。他们通过反复尝试，经历过许多次的失败后总结经验，最终通过不懈努力才创造出优秀稳定的亚马逊系统软件。后来随着亚马逊的不断壮大，贝佐斯招聘了更多优秀的程序员加入他们的团队。亚马逊的软件设计师们齐心合力，以最节省成本的方法，利用免费的编程语言，在免费的操作系统平台上开发出了亚马逊公司功能强大的软件。在当时，这个软件已经非常稳定了，而且功能强大，甚至随着亚马逊日后飞速的发展和不断扩大的规模，这套系统软件也可以不用更换。这一切足以看出贝佐斯坚持"自己动手创造软件"这个决策的正确性。正如萧伯纳所说："一个人只有经历过东倒西歪、让自己像个笨蛋那样的阶段，才能学会滑冰。"

卡凡后来曾回忆说："当时的贝佐斯和我们虽然对编程精通，但并不是这一行的专家，我们甚至闹出过许多笑话，也有许多很离谱的设计想法。但是杰夫是个很棒的领导者，他鼓励我们一定要忍耐，咬紧牙一起渡过难关。他不断地强调，只要我们不断地尝试，不断地努力，我们就一定能拿下电子商务这个'山头'。"

建立起这个软件系统后，接下来贝佐斯面临着一个互联网时代最大的难题，那就是他将怎样使客户相信互联网购物的安全性。对于网上支付这种新事物，人们会接受吗？

贝佐斯以不变应万变。他坚信，只要不断地尝试、试验、纠正错误，终会有最完美的成绩。最开始，他尝试着开发一套电子邮件订购系统，让顾客可以用邮件下单，通过邮件支付，但是这个构想很快被证明不适用。因为当时互联网已经以超过2300%的速度增长，这使电子邮件系统很快遭到淘汰——人们更热衷于浏览网页。

贝佐斯及他的伙伴们非常有耐心。他们不怕失败，从哪里跌倒就从哪里爬起来。熟悉市场行情后，他们决定开发网页上直接交易的系统。因此电子支付的安全性变得尤为重要。

为了能够让购买者放心地在亚马逊网站上输入信用卡账号并支付，贝佐斯召集卡凡及戴维斯开了一个紧急会议。在那个简陋的车库里，三个同样穿着牛仔裤和衬衫的男人，哪个看起来都不像是"未来电商帝国里举足轻重的人物"。由于没有专门的会议室，他们就坐在车库唯一的大桌子边上，商讨着亚马逊创业以来最大的难题。

"杰夫，我觉得应该先让客户熟悉现在我们网站购物的流程，要知道大多数人都没有过网上购物的经历。他们不会操作！"卡凡不停地在桌子上敲着自己的手指边说边继续思考着。

"的确，让客户一进入我们的网站就注册账号这确实困难。嘿，卡凡，你说的对，只有先熟悉我们的网站，到时候自然会有人注册！接着购买并输入信用卡账号完成支付才顺理成章些。这是个好主意。"杰夫突然跳下椅子开始在屋子里来回踱步。他边走边说道："下一个问题，怎样在最大程度上让顾客放心，我们最重要的是在网上建立信任！让顾客相信我们亚马逊是个'懂礼貌并且温柔'的公司。"

"哦，这个我和卡凡可以做到，例如我们可以设计一个程序，如果客户想买哪本书，只要一点，就可以放入一个购物车里。假如他不想买或者不小心按错了，也可以点击取消。哈哈，杰夫，怎么样？咱们人性化吧？"戴维斯兴奋地建议着。

顾客至上与充满人性化的设计理念在投入应用之后，博得了客户的认可。人们开始信任这个新公司的网络在线交易系统，并且有相当数量的购买者愿意尝试通过网页直接支付书款。而这些信任，都是源于贝佐斯严格贯彻了"把顾客体验放在第一位"的经营理念。

贝佐斯强调一切以"客户的需求满意度"为最高标准。开会时，他常常带着他那特有的极富感染力的表情告诉大家："我们不仅仅是一家电商企业，你们一定要记住，我们更是要打造世界上最以顾客为中心的公司。因为，只有我们关注客户喜欢什么讨厌什么，一切以客户的利益为出发点，亚马逊的前途才会不可限量。"贝佐斯的眼光是长远的，从公司创业初期的软件设计到经营中的每一个细节，无不体现出他的远见卓识。

在日后短短的4年内亚马逊飞速发展，成为同行业中的佼佼者。贝佐斯认为，这一切都是因为亚马逊网站系统购书足够方便快捷并且简单易用。试想下，在传统书店的模式下，人们常常为了买一本心目中理想中的书而四处奔波挑选，面对书店一排接着一排巨大的书架，买书者常常累得晕头转向后才找到一本"一般满意"的书。

贝佐斯也是一位爱书者，他深知在实体书店想要购买到最满意书籍的疲惫与无奈。于是他又一次设身处地地为客户打造了一个实体书店没办法提供的增值服务系统。

贝佐斯和他的软件工程师伙伴们为了更好地服务顾客，设计了一套非常人性化的"购物记忆技术"。卡凡在这一成果中做出了巨大贡献。不得不说，他确实是一位天才级的软件工程师。

贝佐斯坚信："要想在短期内获得成功，你就应该为顾客提供更多超值的服务。只有你提供了其他竞争对手无法提供的价值，顾客才会自动上门。这就意味着，我们要在网上做一些实体书店没办法做成的事情。"卡凡把这一切变为现实。他设计软件时把一组数据和另外一组相关的数据链接起来。这样和一本书相关的一切信息，例如作者、同类主题或兴趣就可以形成细致的分类和捆绑。如果你有一本特别想要购买的图书，点开这本图书的时候，页面将会出现这本书的作者及其他相关的书籍，你甚至可以找到这位作者的所有书籍。这是一项伟大的发明，叫做"一点通"。而且，只要客户购买过一本图书，亚马逊的网站就会自动记录购物者的相关信息，如果这个购物者下次再来购物，只要他点一个键，系统将会自动匹配相应的信息并为你填好邮寄地址。

这种贴心的设计大受购买者的喜爱。他们觉得自己得到了尊重与重视。更重要的是，与实体书店相比，在亚马逊购书更加快捷与便利。

贝佐斯开始对外宣称，他的亚马逊是"地球上最大的书店"。他可以为购书者提供372万种图书。并且，他还宣布："亚马逊所有的图书均打折出售。最畅销的前20种图书以7折的赔本价格出售，还有40多万种图书以标价的60%出售，其余的图书均9折出售！"这无疑是最吸引顾客的地方。卡凡曾说："这就如同一个爱书的人走进了书海，可以随意在书海里畅游，并且费用很低廉。这令天下的爱书者非常高兴。”

不仅仅如此，亚马逊早期还有一个更有力的竞争武器，那就是绝版书。贝佐斯从童年时就爱收集绝版书，他深知绝版书的珍贵与来之不易。创业后，他一直在尽全力搜集绝版书，这其中有的是他设法从出版商那里淘来的，有的是他从其他书店里买来的。他甚至四处购买朋友们家里的绝版书作为自己公司的库存。在亚马逊网站上可以购买到绝版书这一消息飞快地传了出去。这使“亚马逊”三个字多了另外一层含义——那是一个能买到任何难买的书或者找不到的书的神奇书店。

此后，亚马逊开始名声大震。你要相信口口相传的神奇力量，加上贝佐斯有意的铺天盖地的广告轰炸。很快，贝佐斯带领他的亚马逊王国以最快的速度占领了市场，而所有的读者也都记住了一个公开的书海密码，那就是：amazon.com，点击它，任何人都将开启一扇神奇的书海大门。

第四节　像火星人一样思考

> 一个具有天才禀赋的人，绝不会遵循常人的思维途径。
>
> ——司汤达

经过贝佐斯以及卡凡、戴维斯的初期努力，亚马逊公司在成立半年后，终于正式上线运营，而后它的业绩也开始以超乎寻常的速度增长。它的销售额在1996年就达到了0.158亿美元。而截至1997年年底，亚马逊公司的销售额已经达到了1.317亿美元，并且仍然以1000%的年增长率高速增长着。亚马逊就如同亚马逊河流一般来势凶猛，而这一切甚至连贝佐斯本人都没有预料到。

贝佐斯后来在接受媒体采访时甚至说："我一直坚信亚马逊会成功，但是它的发展速度也远远超出我的预期。"试想一下，一个公司的发展，如果连创业者本人都为它的发展速度所震惊，这难道不说明，亚马逊是一个奇迹？而创造这段传奇故事的贝佐斯，就像一位天赋异禀的火星人，用他那天马行空且不同于常人的思维，不断带领亚马逊创造奇迹。

由于每天接到的订单越来越多，贝佐斯觉得有必要增加员工了。他招聘来更多的计算机工程师及后勤人员，并带着大家迁入了一个比原来车库大了四倍的地方。那是位于西雅图工业社区内的一个店铺，贝佐斯租用了第二层作为办公室，而地下室则作为仓库。贝佐斯并没有因为公司资金宽松而装修自己的办公室。这位怪人将"抠门"进行到底，他依然从工地弄来了一些废旧的门板，自己动手做成了一个简易的办公桌。办公室唯一的变化就是宽敞了许多。一间屋子用来放置包装书及邮寄书用的纸箱，一些包装书用的材料、尺子就凌乱地放在地上。为了省钱，贝佐斯并没有雇用专人来负责包装要发给顾客的图书。那时候大家常常一起工作到凌晨一两点。不得不说，亚马逊的员工们极具吃苦精神。

有一天，贝佐斯和大家又一起跪在水泥地上给书打包，由于工作量太大，贝佐斯和员工们的膝盖都跪麻了。贝佐斯突然站起来说："伙计们，明天我们应该去购买一些护膝！"他又为自己想到的新点子感到骄傲，哈哈大笑起来。不同的是当时室内的员工仿佛听到了什么不可思议的事情，一个个都瞬间"石化"了。他们看着贝佐斯，好像看着火星人一样。屋里静悄悄的，突然一名刚刚雇用来的工程师罗夫·乔伊忍不住笑了出来，他诧异地说道："亲爱的老板，我们可以买些桌子！这样我们就不用跪着打包书了。"原来贝佐斯"抠门"惯了，大家都以为老板是为了省钱才不买包装书用的桌子，可是哪知是这么一回事……贝佐斯听到后愣了一会儿，然后哈哈大笑："哦，天啊，这真是我这辈子听到过的最聪明的主意！"

贝佐斯还是员工眼中的"老顽童老板"，如果你来参观亚马逊公司，当你经过总裁办公室时，你或许会看到"火星人"贝佐斯正在办公室玩着电动跑车，他边操纵遥控器边不断地在办公室内随着车小跑。贝佐斯天性乐观，并且精力旺盛，更珍贵的是他具有一般企业家早就丢失掉的"童趣与天真"。在闲暇之余，他经常拿着玩具喷水枪突然朝着员工喷水，这种恶作剧使亚马逊的员工与老板建立了不一样的"革命友谊"。贝佐斯毫无架子，是个非常随和的老板。正是因为贝佐斯这种爱玩并且对许多事物感兴趣的天性，才使他的创意连绵不绝。因为童趣才是最珍贵的创造力。

与众不同的贝佐斯允许自己公司的员工带着宠物上班，同时不要求员工穿职业装。在当今制度严明的大多数企业中，这听起来简直就是天方夜谭。如果你不相信，你可以去亚马逊公司瞧瞧，这时你会发现一群穿着奇装异服或者着装随便的员工们常常匆忙地进进出出，而他们的怀里或手里，经常牵着慵懒憨厚的宠物狗，或者呆萌可爱的小懒猫。

这样看来，贝佐斯能够创造出亚马逊奇迹就并不奇怪了。因为只有具有独特创新思维的企业家才更有竞争力。的确，独辟蹊径的人才能创造出伟大的业绩，而在街道上平庸地挤来挤去的人是不会有所作为的。

与众不同的贝佐斯还有许多奇思妙想，对于企业来说，这种创意非常重要。比尔·盖茨就曾说："创意犹如原子裂变，每一个创意都能够带来商业奇迹和商业效益。"

最令人咋舌的创意是，贝佐斯这个火星人非常"会"利用资源。他经常带着他的精英们跑到当时最大的竞争对手巴诺书店内的休息区开商务会议。他们在巴诺书店里喝着免费的咖啡，然后共同商议着怎样打败像巴诺书店这样的实体书店。大概巴诺书店的老板要是早知道的话，一定会被气死。而我们的"天才火星人"贝佐斯更是将火星人独特的气质发挥到了极致，他还专门做了一个巨大的广告牌放在了巴诺书店的外面。上面写着"找不到你想要的书？www.amazon.com"。

此举为贝佐斯招徕了更多顾客，这一创意带来的直接商业效益就是亚马逊订单的成倍增长。

贝佐斯还有许多创新之举。为了吸引顾客，他还让员工每周都选出在售的20种最奇怪的图书，然后推荐给读者们，例如《用训练海豚的方法训练金鱼》。他还告诉自己的网站编辑们，谁推荐的最奇特，谁就会得到奖励。贝佐斯还想出一个更惊人的点子：他允许顾客们自由地对亚马逊图书评论，即使是负面评论也可以。要知道这在当时可是存在很大争议的。有谁敢同意顾客在自己新建立的网站上留下批评的语言？答案只有贝佐斯。他说："只要是顾客留下的，就是最好的经验。我都要参考，因为只有真正做到以顾客为中心，我们才能够不断壮大。"

这让顾客感觉到亚马逊是一家勇敢坦诚的公司。这一非凡之举使亚马逊在无形中提高了声誉。很快，亚马逊的图书发货量从一天100本渐渐地发展到一天超过5000本！

后来贝佐斯还匠心独具地请来美国新闻界的约翰·阿伯迪克来为他的网站写一个小说的开头，小说的名字叫做"谋杀案造就了杂志"，然后贝佐斯邀请读者们续写。这个在当时引起了一股"续写热"。大约有40万人参与了这个故事的续写活动。读者们感觉自己从购买者越级变成了"半个主人"，这种参与的感觉很奇妙。这个方法引起了当时媒体的注意，各大报纸争相报道，亚马逊的名声更加响亮了。

1997年，随着亚马逊的声名鹊起，当时的许多家大公司开始注意到亚马逊。雅虎的创始人杨志远是第一个找到贝佐斯的人。他认真地写了一封邮件给贝佐斯："尊敬的贝佐斯先生，我觉得你的网站很酷，您愿意我们把它放到我们的'酷东西'里吗？"同年5月，亚马逊公司的股票正式上市，7月，亚马逊正式与雅虎公司携手合作。贝佐斯这种借别人的网站来宣传自己和卖自己东西的举动，无不显示了贝佐斯的远见卓识与创新思维。此后，亚马逊迎来了更多的合作伙伴，虽然当时的亚马逊公司并没有开始赢利，但是明智的企业家都看中了这个"天才火星人"的未来潜力。亚马逊被当作电子商务的先锋，而它的股票价值也开始暴涨。亚马逊股票最初的股价只有9美元，而到了1998年，亚马逊股票的开盘价格已经飙升到每股243美元。

　　由此可见，贝佐斯在企业经营中常常先声夺人，出奇制胜。正是因为他坚持以创新的精神完善亚马逊网站的服务，才使亚马逊力压群雄立于不败之地。所以亚马逊竞争优势的秘密就是创新，这位常常像火星人一样思考的怪才CEO，用不同于常人的思维与智慧领导着亚马逊，这注定使这家新兴企业在众竞争者中大放异彩。

Amazon.com

第四章　　**赢利魔方，你会玩吗?**

■ 第一节　往商河里不断"扔钱"的公司

■ 第二节　疯狂的"圈地运动"

■ 第三节　面对危机，做无畏的勇士

Amazon.com

在亚马逊公司飞速发展的同时，它亦受到了来自各界的质疑。利益永远是商人所追求的。但是贝佐斯这位传奇CEO似乎从一开始就没打算赢利。他用惊呆世人的"赔钱"经营策略向世人宣告，长远价值才是他穷尽一生的追求。

第一节 往商河里不断"扔钱"的公司

> 我们将更多地为"强化长期市场领导地位"这一目标做持续的长期投资决策，而非关注短期的赢利以及华尔街的反应。
>
> ——杰夫·贝佐斯

随着公司的飞速发展，1997年，亚马逊的市值已经增长到4.3亿美元。但是别看亚马逊发展迅速，当时许多投资家并不看好这家公司。《纽约时报》甚至有过这样的报道："亚马逊是注定要失败的，谁都可以在自己的车库里再建立一个亚马逊。"

而这一切都是因为亚马逊一直在赔钱！对，没错，从1996年到2003年之间，亚马逊公司经历了艰难的8年亏损时期。在1999年时，这个外表无限风光的企业实际的亏损额已经高达3.5亿美元。这家号称"电子商务先锋"的大企业，不仅没有赢利，反而债台高筑。甚至当时许多人怀疑说"亚马逊赚钱只是个梦想"。

而这一切都是因为贝佐斯坚持"放下眼前利益，关注长远利益"的经营策略。

1997年亚马逊成立伊始，贝佐斯就在股东大会上提出他将着重关注公司的长远价值，而不是短期利益。并且从那一年开始，他每年都会在致股东的一封信的末尾强调自己的这种经营理念。无论遭遇多少质疑，即便是在亏损最严重的时期，贝佐斯都从未动摇过。

贝佐斯当年在接受《纽约时报》采访时甚至这样说："我们可以选择赢利。但是赢利可能是世界上最容易的事情，也可能是最愚蠢的。我要做的就是把利润的那部分钱全部用来投资将来的生意。"

这种冒险的经营理念在当时遭到了投资家的质疑。他们开始不看好亚马逊公司。由于没有投资者愿意向亚马逊注入资金，亚马逊遭受到了自创业以来的第一个危机，那就是严重的资金匮乏。为了能够实现扩大亚马逊版图的计划，贝佐斯开始四处游说投资者为他的公司注入资金。但是大多数理性的投资者并没有被贝佐斯所宣扬的"长远理念"所打动，他们更愿意选择相信即时利益，他们认为看到"钱"才比较踏实。

贝佐斯并没有放弃，他相信会有伯乐识得亚马逊这匹

"千里马"。他决定主动出击。贝佐斯带着他的顾问团仔细分析了当时的每一个风险投资公司，最终把目标定在了KPCB公司。他深知要想让更多的投资者把资金注入自己的公司，就一定要先挑选一个最出名并且具有代表性的投资者加入他们。试想下，如果有权威的"领头羊"加入他们，难道还害怕那些"小羊"不进圈吗？

贝佐斯开始联系当时美国最顶级的风险投资商约翰·多尔。多尔效力于KPCB公司，却不想一开始贝佐斯就碰到了一鼻子灰。约翰·多尔一点面子都没有给这位四处宣传长远价值的年轻企业家，他甚至没有回贝佐斯的电话。但是贝佐斯并没有放弃，反而越挫越勇。

他告诉自己："我不害怕失败，最可怕的是还没成功就放弃了。"贝佐斯把自己关在了书房里，他又一次地跪在地板上开始画他的"攻敌"流程表。中国有句古语叫"攻人先攻心"，经过一宿的研究，他打算施展一场"诱敌上钩计"。

那是1996年的一个阳光明媚的春日。贝佐斯先给之前曾对亚马逊公司感兴趣的美国泛大西洋投资集团去了电话："您好，我是贝佐斯，我想与贵公司见面商谈融资的事宜。"贝佐斯眼里闪烁着狡黠，他早就算计好了一切。事实证明，有智慧是优秀的企业家必备的一项素质，而有胆有谋的贝佐斯注定会获得成功。

贝佐斯带着他的顾问团队浩浩荡荡地出发了，他们的脸上全部洋溢着自信的神采。需要强调的是，这是贝佐斯早上开会特意下的命令。他要求跟随他去谈判的人员脸上装也要装出"自大与傲慢"。在与美国泛大西洋投资集团投资代表见面后，贝佐斯只让他的助手迪龙向投资者讲述了一个半小时，而从进屋后他就一直保持沉默，一言不发。相信见过贝佐斯的人都不会忽视他的眼神。因为从他的眼睛里会传达出一种震撼人心灵的自信。即使有时候他的眼神看起来是那么漫不经心，也并不影响贝佐斯眼神的"杀伤力"，尤其是在他一言不发盯着你的时候。美国泛大西洋投资集团的代表们觉得自己的气压不知不觉地降低了，他们都感觉到一种莫名其妙的紧张。贝佐斯这招在气势上的先声夺人确实厉害，但是更厉害的还在后面呢。当迪龙的讲解结束后，贝佐斯终于开口了，他只说了一句话，就令当时的泛大西洋的投资代表们个个目瞪口呆。他说："不多，只要估值一亿美元，我们就同意和你们合作。"

泛大西洋的投资代表们全部惊呆了，有的甚至被吓出一身冷汗。而贝佐斯丢下这句"炸弹"一般的话后就带着他的团队打道回府了，只留下这群已经"石化"了的投资代表在那里思考着。

其实贝佐斯的真实目的是"引蛇出洞"。他想借着这个让人听后无法形容并且难以置信的价格，来吊投资家们的胃口，借此引起KPCB公司约翰·多尔的注意。相信当外界把这种超高的开价传出去后，美国华尔街的投资者不得不重新思考一个问题，那就是："难道亚马逊还有保证稳赚钱的底牌？要不他怎么敢如此狮子大开口？"

这一计谋很快奏效了。正如著名经济学家郎咸平曾说过的："伟大的企业家总是有常人难以想象的处心积虑。"而贝佐斯用他那无畏者的精神与"处心积虑，足智多谋"赢来了投资者的青睐。

美国泛大西洋投资集团很快坐不住了，他们主动找到了贝佐斯："尊敬的贝佐斯先生，我们愿意为亚马逊估值7000万美元。"要知道，这个价格已经超出了贝佐斯的想象！但是在巨大的诱惑面前，贝佐斯表现出了常人没有的理性与坚持。他没有忘记他的初衷，他那张流程表上清晰地画着他要"钓上"的是顶级大鱼KPCB！即使面对这个诱人的天价，贝佐斯依然毫不犹豫地拒绝了美国泛大西洋投资集团。

一直持着观望态度的约翰·多尔终于不淡定了，他感觉有一种力量吸引着他。他想："能够拒绝7000万美元估价的亚马逊，一定值得我投资。"很快，他给贝佐斯去了电话："贝佐斯先生，我是约翰·多尔，您之前是不是想要找我投资贵公司？"

而令多尔深感意外的是，贝佐斯表现得特别冷淡："哦，多尔先生啊，那你应该来西雅图和我谈谈，要知道还有许多家公司对我们感兴趣。"

要知道，在华尔街，有多少家公司的代表都排着队只为见多尔一面。这还是多尔第一次遭到如此冷淡的对待。挂了电话的多尔当时心里想："他居然让我去西雅图见他！哦，天啊，看来他有足够的自信为自己的公司找到最好的投资者。我不能错过这个机会。"

这一次，在贝佐斯精心设计的"局"里，亚马逊公司以绝对的心理优势取胜。多尔见到贝佐斯后几乎没怎么犹豫，就答应了贝佐斯早就拟好的合作条件。"多尔先生，如果你愿意以800万美元购买我们公司13%的股票，而且你必须加入亚马逊的董事会，我们就达成协议。"多尔丝毫没有犹豫，他同意了，因为他害怕眼前的这条"大鱼"被别的投资者抢去。贝佐斯以勇敢和智慧为亚马逊取得了充足的发展资金。

有了资金后的贝佐斯更加执着地坚持自己要发展长远目标的判断，他不断地告诉自己："在获得最大的收益之前要学会忍耐和等待。"而有了资金仅仅是困难时期的开始，因为贝佐斯知道，在未来很长的一段时间内，亚马逊将继续面临赔钱的窘境。贝佐斯为了他的长远价值，准备开始大规模地往商河里"扔钱"了。

得到KPCB公司资金后，贝佐斯按计划扩大发展亚马逊。1997年5月14日，亚马逊终于迎来了挂牌上市的日子。在许多人的惊呼声中，贝佐斯宣布亚马逊的股票价格为每股18美元。要知道这在当时简直就是天价，对于一个仅仅创立不到两年的公司来说，能有这个身价，简直不可思议。此后，贝佐斯可以完全不用为公司运营的资金发愁了。他以4.29亿美元的公司估价，吸引了大批的投资者。

在1996年，他开始大量投放资金为亚马逊打广告。贝佐斯认为品牌具有巨大的价值。能够被顾客熟识和认可，可以为未来的亚马逊创造巨大的财富。紧接着，贝佐斯把大量的资金投入到建设自己的网站及优化公司的服务上面。他坚信以牺牲公司的短期利益来换取长远利益这个决策的正确性。他不断地在员工大会上强调："长远价值是亚马逊必须遵循的经营理念。"

面对亏损的巨大压力，试问有多少人能够有这样孤注一掷的勇气和胆量？又有多少人能够顶得住舆论以及流言蜚语？我们不得不对这位有非凡胆识与坚定信仰的CEO佩服至极。因为只有这样一个人，才能够创造出伟大的商业奇迹。

在利润魔方面前，贝佐斯以不同寻常人的远见选择了先放弃赢利的那一面，他坚持先是去"赔钱"与忍耐。要知道在这个世界上，做任何事情能够坚持不懈本就已经很难，懂得适时放弃利益则更难，而难上加难的是在无尽折磨中的等待与忍耐。中国古人有"君子报仇，十年不晚"的决心与忍耐，还有"头悬梁，锥刺股"的坚韧和毅力。今日贝佐斯把中国古人的这份成功特质都应用在了他的创业之中，并且他做得相当好。亚马逊公司的日益壮大让那些预言亚马逊公司不久将关门大吉的人永远闭上了嘴。而这一切无不体现了一种舍与得的经营哲学。正如美国《福布斯》杂志曾说过的："贝佐斯到底是一位梦想家，还是一位哲学家？"

第二节 疯狂的"圈地运动"

> 我们的战略是成为一个"电子商务终点站"。
>
> ——杰夫·贝佐斯

在梦想家贝佐斯的心中，有一幅亚马逊公司的巨大蓝图。在那里，无不彰显着他作为企业家的强大野心。贝佐斯是个有宏图大志的男人，他喜欢疯狂地扩张，因为只有让亚马逊变大，他才能实现自己的终极梦想。他并不屑于赢在一时，他要的是赢得一世的精彩。

但是贝佐斯的扩张并不是盲目的，而是建立在能够为顾客带来更高的满意度这个基础上。贝佐斯大把大把花钱所做的一切，都是为了更好地满足顾客的需求。因为他坚信："公司的价值直接取决于我们巩固市场领导地位的能力，我们的市场领导地位越稳固，商业模式就越具有竞争力。稳固的市场领导地位将会带来更高的收入、更多的利润。"那么到那时候，他想要成为全世界最大的在线经销商就不仅仅是一个梦了。

1997年9月，贝佐斯经过长时间的思考后，决定建立亚马逊自己的配送中心。为了能够用更快的速度为顾客送上他们购买的物品，贝佐斯要求这个仓库一定要有最高的科技。很快亚马逊公司一项浩大的工程就开始了，他们正在建设一个比之前的仓库容量还要大的大型仓库。贝佐斯的眼光很长远，他不希望将来当货物运来时，他的仓库管理员对他说："No，我们没有空间容纳了。"并且这个巨大的仓库可以为亚马逊增加30多万种图书的存放空间，这样加上最初的310万种图书，亚马逊当之无愧成了"世界上最大的在线书商"。

当美国多家媒体报道出这一称号时，巴诺公司狠狠地嘲笑了亚马逊公司。他认为亚马逊号称拥有340万种图书只是一个虚拟数字，巴诺更是对外界宣称："亚马逊只是个没有库存、打肿脸充胖子的'骗子'。"贝佐斯并没有把巴诺的挑衅放在心上。他只是通过媒体简单地回答了一个字："哦。"这件事成了当时华尔街上最有意思的笑话。无论外界有多少质疑，都不影响贝佐斯的自信与野心。他无需多说，只是简单的一个"哦"字，就令巴诺这位实体书店巨人愤怒地闭上了嘴巴。

人类因为梦想而伟大。亚马逊的发展蓝图因为有贝佐斯的敢想敢做而变得逐渐清晰起来。他为何要建立这么大的仓库？因为那时候的贝佐斯脑海里，已经计划好了亚马逊下一步的发展，他准备向互联网零售业的一切领域进军，而不是局限在成为世界上最大的书商。

贝佐斯为了建造全世界最好、效率最高的高科技配送中心，他不惜想尽办法从当时做配送最著名且最专业的沃尔玛公司挖人，怪才贝佐斯不知道用了什么方法，居然把沃尔玛配送中心的秘密高管挖了过来，这引起了当时沃尔玛大佬的无比愤怒。但是贝佐斯并不惧怕这个臭脾气的商业巨人。要知道，善于挖墙脚的鼻祖可是沃尔玛的创始人山姆·沃尔顿。贝佐斯当时常大笑着告诉自己的员工："沃尔玛他要告我盗取他们的机密就告吧，我可不怕他们。哈哈，我这一切还是从他们的老祖宗那里学来的呢。"

1999年底，贝佐斯不顾所有人的反对，像个"疯子"一样大把大把地花钱。他发行了20亿美元的债券，以用来加盖五座每个成本需要5000万美元的物流仓库。当时这5个仓库就已经具备了现在可以扫描条形码追踪货物的高科技。并且，这5个仓库还有专门的技术人员负责分类、打包和运输。而这一切的流程都离不开高科技的运用。有了这5个仓库后，亚马逊发送货物的速度大大提高了，而运营成本同时也大大降低。

记得在贝佐斯刚刚创业时，他列出了20多种商品可供自己选择销售。最终贝佐斯选择了书籍。其实当时的交易流程表上还记录了以下商品：CD、DVD、化妆品以及礼品、家庭用品、宠物用品……

当年的贝佐斯还没有能力大展拳脚。如今随着亚马逊的不断壮大，他开始向那张流程表上其他的零售领域进军了。

1998年夏，亚马逊销售CD的音像店终于向世人撩开了它神秘的面纱。贝佐斯自豪地对外界宣布："我的CD店有13万种CD可以选择，音乐发烧友们快来吧！"的确，这无疑给实体音像店一记致命的打击，更要命的是这个"疯子CEO"并不打算赚钱，他还告诉大家："来亚马逊买CD，您可以享受大部分商品6折的优惠！"

一向坚持"客户至上"理念的贝佐斯，更是设计出一个绝妙的与顾客互动的点子。他向外界宣称将开展一项叫做"建立你梦想中的音像店"的活动。他鼓励顾客都来参与，并允许大家在网页上留下"你心目中希望CD店的模样"，并且承诺会参照大家的建议去做网站的基础建设。

我想这种效果不比花大价钱做广告的效果逊色。很快，亚马逊网上CD店的名声就让人如雷贯耳，亚马逊的股票价格又开始不断飙升。

但是随着亚马逊股票和公司自身价值飙升的同时，接踵而来的还有各界漫天飞舞的质疑。因为亚马逊还是没有赢利！

甚至连当时的经济分析家都说："或许亚马逊永远无法赢利。"贝佐斯听到这个评价后，只是无所谓地耸耸肩膀，一笑了之。他超乎常人的自信令外界很是不解，到底是什么让这位备受争议的怪才CEO如此自信？答案只有贝佐斯知道。因为他有常人没有的信念，他坚信自己会成为电子商务领域的领袖，而要想成为领袖，就得打响品牌，放下眼前利益。

有了信仰就一定要坚持做下去，即使被人们误解，被赔钱的困境包围，他也不会放弃。在此后的5年期间，贝佐斯不断带领亚马逊向零售行业的各个领域扩张。1998年，他甚至把亚马逊帝国的版图扩张到了国外。

不是曾有人说过"上帝要使人成功，必先让其疯狂"吗？贝佐斯就是这个为了自己的宏图大志而疯狂的人。

1999年，年仅36岁的贝佐斯就被美国知名的《时代》周刊评选为全球风云人物。到了2000年，亚马逊帝国的市值已经高达210亿美元。相对于亚马逊曾经最大的对手巴诺书店，这个曾经的实体书店巨人就略显渺小了。因为当时亚马逊的身价已经是它的8倍了。这时候许多人都在说："亚马逊绝对是一个网络神话。"因为全世界再也找不出一个不到5年时间就发展到如此规模的公司。

但是到底是神话还是网络泡沫？

有野心虽好，可是过度的圈地运动也为亚马逊接下来将要发生的危机埋下伏笔。

无数风光的背后是亚马逊高额的财务赤字。1999年时，亚马逊的亏损额就已经高达1.25亿美元，总共债务累计超过20亿美元。这时候的亚马逊帝国仿佛就像一个华丽的泡沫，随时都面临崩盘的危机。如果继续扩张圈地，亚马逊将何以继续安全运营下去？

毕竟能够吃得下这么大版图的亚马逊，未必完全都能够把这些消化掉。单纯扩大自己的经营规模的同时，它更需要时间去实现资源整合和经营改善。这个有着宏图大志的梦想家，他将怎样去解决这个难题呢？

第三节　面对危机，做无畏的勇士

> 如果你想变得更有创造力，那你必须愿意接受失败。
>
> ——杰夫·贝佐斯

当贝佐斯带着他的亚马逊帝国飞速奔跑、扩张的同时，许多致命的问题也随之而来。由于发展速度过快，公司内部出现效率低下及产能过剩等问题。随着回笼资金及新资金的不断投入，亚马逊亏损的额度就像滚雪球一样逐年增长。这时候的亚马逊帝国就像一个不断吹大的气球，随时都有可能爆炸。

天有不测风云，在亚马逊自身危险重重的时候，2000年的互联网危机全面爆发了。一夜之间，上百家互联网公司宣布破产。面对内忧外患，面对来自外界的种种质疑以及互联网突然崩盘造成的公司股票巨跌，贝佐斯就像一个无畏的勇者，用他那与生俱来的自信与乐观，带领亚马逊公司一步一步走出困境。

2000年1月1日，对于依赖互联网生存的公司来讲，那一天就像一个噩梦。一直以来曾被贝佐斯发现以2300%的增长率飞速发展的互联网市场，开始像个膨胀到极点的泡沫，突然间"砰"的一声破灭了。中国有句古语叫做"物极必反"，的确，无限壮大到巅峰的下一步，就是最彻底的下落。当然，亚马逊也不例外，当互联网泡沫破灭的飓风刮过去时，2000年底贝佐斯不得不对外界宣布："亚马逊公司的股价一年内跌了90%，亏损额高达17.4亿美元。"作为在互联网上"爬得最高"的亚马逊，自然成了当时"跌得最惨"的一位。当互联网的光环散去，贝佐斯从人人崇拜的互联网英雄，变成了最受质疑的"电商失意者"。

但是贝佐斯并没有被打倒，他好像天生就不惧怕失败。他不害怕亚马逊赔钱，不害怕众人的质疑与批评。即使在亚马逊面临如此危机和外界环境这样恶劣的情况下，他仍然微笑并且从容淡定地面对挫折，并且仍然不放弃"注重长远利益"的经营哲学。

只是，他在危机中学会了转变。贝佐斯打了一手的好"太极牌"，他带领亚马逊公司在危机中随机应变，开始向传统经销商转型。他不再只是一味地扩张，而是选择检视自己身体内部的"病灶"，把不适应亚马逊发展的一切剔除。

一个淅淅沥沥下着小雨的上午，在亚马逊的股东大会上，所有参加人员的面色都阴沉得如同那该死的天气一般。但是唯独有一个人不同。虽然他的面部表情是从未有过的严肃，可是他的眼里依旧绽放着一种自信，并且嘴角挂着漫不经心的微笑。贝佐斯站起来告诉大家："如果你想变得有创造力，那你就必须心甘情愿接受失败。并且，对于一家发展如此快的大公司而言，有波折是再正常不过的事情了。先生们，别忙着垂头丧气，请打起精神来！我们现在要做的就是在危机中找到亚马逊的弱点，然后借着这个机会转型，重新塑造一个更加牢固的亚马逊！"

贝佐斯的话语带给股东们信心。他们的眉头开始放松，不再拧成可怕的一个结。贝佐斯还自信满满地告诉股东们："不论用哪种标准衡量此时的亚马逊，都要比其他以往的任何时候更加有利！"

到底是何等的自信可以令贝佐斯在亚马逊面临"关门大吉"的危机中说出这种话。他居然说此刻的亚马逊比以往更加有利，这令在场的所有股东都感到莫名其妙。

在接下来的会议中，贝佐斯为股东们详细地讲述了他将怎样带领亚马逊公司进行管理模式与战略的转型。渐渐地，下面听报告的"网络时代的悲观者们"的眼睛里重新燃起了神采。奇迹产生了，前一刻还都死气沉沉的员工们，渐渐重新有了斗志昂扬的激情。贝佐斯不愧是天生的领导者。亚马逊的员工埃里克·贝斯特就曾这样评价过他的老板："那个时期，人心惶

惶。但是贝佐斯就是具有这样的能力，只要他说没事，我们就可以安静下来，并且从未怀疑过他所保证的一切。"

的确，贝佐斯不惧怕失败。他不同于常人的地方是他甚至"渴望"着失败。在1999年时，贝佐斯其实就知道亚马逊会有这么一天。他一直告诉自己："我欣赏亚马逊经历过的每一次失败，因为失败是成功的一部分，每一次失败都可以让亚马逊从中学到不少重要的东西。"

在危机中，贝佐斯用心接受了外界的批评，开始积极地改进。他开除了公司因为不断扩张而招聘来的多余员工，并对亚马逊的人才进行考核缩减。那些不能为亚马逊带来利润的人被他一一辞退。同时，他对公司扩张经营的领域进行了严格的赢利分析，关闭了部分没有赢利前景的业务，并开始紧缩成本。这个一直宣扬不打算赢利的怪才CEO，终于转动了手中的赢利魔方，他决定开始靠赢利来渡过危机。

在员工内部会议上，贝佐斯第一次告诉大家："我们的目标是销售额50亿美元，我们要攻克的利润是10亿美元！亚马逊的所有员工，我们真正赢利的时间到了！"

这是贝佐斯第一次为自己的公司设定利润目标，他甚至把亚马逊需要达成任务的日期贴在了公司的看板上——"最后日期：2001年圣诞节"。

但是这并没有让亚马逊渡过资金紧缺的危机。2001年，亚马逊的股票再次下跌。贝佐斯为了护住公司的命脉，不得不进行了亚马逊公司创业以来最大的一次裁员。贝佐斯下达命令："尽一切可能缩减成本。"那一年，亚马逊裁掉了1300名员工，是亚马逊帝国总人口的15%。

同年，贝佐斯又不得不关闭了一直以来都没有填满而浪费资源的佐治亚州的仓库，他还下令关闭了位于西雅图的一个客服中心。

望着自己曾努力扩张的"亚马逊版图"被自己亲手"缩小"，望着那些不愿离去的员工，贝佐斯告诉自己："我一定会带领亚马逊在电子商务领域站稳。失去的这些，将来我会成倍赚回来！"

谁都会有缺点，连伟人都会犯错误，贝佐斯也不例外。他是有着野心的冒险家，也是狂热怪异的"火星人"。但是他在亚马逊遇到的重大危机中学会了成长，学会成熟地去对待自己的公司，而不再把亚马逊当成赌场一般去经营。他开始像传统经销商一样循规蹈矩，但是这并不代表贝佐斯不再坚持关注"长远价值"。相反，在危机时期，他反复向亚马逊的所有人强调："若只是贪图于眼前的利益，公司是无法保持长期的市场领导地位的。"贝佐斯是个懂得变通的人，他适时地选择赢利来帮助公司渡过危机，但这并不表示他要放弃自己致力于关注公司长远价值的经营理念。

同年，在资金最紧张的时候，贝佐斯更是做出了惊人之举。面对巨额的财务赤字，他没有停止向新的零售领域进军。

和创造世界名牌的人

一起放飞梦想

Let the dream fly

他开始在亚马逊网站上增加了保健品、美容产品及庭院设施等产品。同时，他还对外宣称："亚马逊可以为你们的公司运营网站。"当时著名的《商业周刊》实在忍不住责问他："难道你没有义务，让股价不再继续下跌了吗？"贝佐斯毫不动摇地回复说："我们没有声称，我们的长期策略就是对的，我们就是做我们想做的那种企业，而投资人我们可以自由选择。"贝佐斯不再疯狂地进行圈地运动，而是精心选择后进行正确的扩张。

事实证明，贝佐斯精心挑选出的这几个扩张领域为亚马逊改善了业务量下降的情况。之后，贝佐斯进行了大规模的战略转移。2000年8月，他开始与玩具经销商合作。贝佐斯改变了以往自己花钱采购产品的模式，而是直接从玩具零售商的仓库里取出商品，帮助他们送货并提供售后服务，成功后又把其他经销商的商品放到亚马逊的网站上去卖。

不得不说这在当时是个"疯狂的举动"。敢于在自己家的地盘上卖别人家商品的CEO恐怕只有贝佐斯一人。这种"引狼入室"的行径，令当时的投资者整日提心吊胆。他们担心自己手中的股票会一夜间化为乌有。更让他们震惊的是，贝佐斯还提出"客户体验"的经营理念。他提出："应该让消费者比较，把主导权还给他们。"他把其他商品挂到自己的网站上让消费者进行比较，到底要买谁家的产品由顾客自己决定。这无异于变相挑战自家的产品销售部门！甚至，他还匪夷所思地帮助竞争对手。他为当时同亚马逊网站竞争的美国第二大零售商塔吉特提供网上销售的技术服务，这让消费者可以在塔吉特网站轻而易举地下订单！

贝佐斯并不在意外界怎样议论他的疯狂。他的目的只有一个，就是让亚马逊成为有史以来最以顾客为中心的公司。他像一个哲学家一样，坚信"要想付出，必先给予"。只要是顾客需要的，他都去努力满足。

贝佐斯以牺牲眼前利益的这种做法，换来了消费者对亚马逊公司长期的信任。这种方法不仅仅让他获得了合作的资金，更重要的是他让互联网上的消费者记住了一件事情，那就是："要购物？去亚马逊！因为在那里什么都可以买到，还可以货比三家！"同时，亚马逊还获得了全球最完整的消费者数据库。凡是点击亚马逊网站的客户，他们的消费习惯、购物偏好、地址等各种信息都被亚马逊后台记录了下来。当你下次再进入亚马逊主页时，这个公司已经准备好要推荐给你的产品了。这并非随机，而是从无数消费者以往的购买习惯中总结得出，并参考你曾经消费过的产品类型，然后亚马逊对所有"大数据"进行归纳分析。这样，当你带着目标去亚马逊购物时，一点开网站就会惊喜地发现，"老板已经为你准备好你要选择的货物了"。这使亚马逊获得70%以上消费者的重复购买率。

历经磨难的亚马逊公司，终于在2002年传来赢利的喜讯！贝佐斯再次带领亚马逊创造出令人膜拜的奇迹，他告诉世人：

"亚马逊2002年的运营利润是17.4亿美元！"

贝佐斯面对8年来针对亏损的无数质疑，以无所畏惧的强者姿态向世人表明："我贝佐斯不害怕流言蜚语，因为流言蜚语只能中伤弱者。我不怕赔钱，因为我有自信赔得起！"这位最具有无畏精神的勇者，终于带领他的亚马逊走出困境。最终，他完美地把手中的赢利魔方转到了赢利的那一面。

Amazon.com

第五章 亚马逊王国的
人才军队

■ 第一节　给我们送些怪人来

　■ 第二节　善于挖墙脚的大老板

　　■ 第三节　亚马逊"邪教"的洗脑运动

　　■ 第四节　他凭什么以最低价格留住了人才?

Amazon.com

"努力工作，享受乐趣，并且创造历史"是每一个亚马逊人的座右铭。贝佐斯希望他自己的人才军队就像一条不息的商河，其中的每一滴水都是特别的，并且凝聚起来时能够汇成强大的河流。

第一节　给我们送些怪人来

我劝天公重抖擞，不拘一格降人才。

——龚自珍

汉高祖刘邦之所以能够夺得天下，除去若干客观因素外，最主观的原因就是刘邦懂得善用贤良将士。并且，为他所用的人才不拘一格。有贵族张良，也有游士陈平；有县史萧何，也有屠夫樊哙；有待业青年韩信，也有吹鼓手周勃。总之，他们来自五湖四海。但是刘邦却把他们组合起来，形成了最强的杂牌军。同时，他使每个人才都发挥出最大的作用。

同样，亚马逊的人才帝国也是如此。贝佐斯虽与刘邦属于不同的时代、不同的国度，但是他们的用人之道却出奇地相似。这或许就是亚马逊帝国以少数人战胜巴诺书店及其他竞争对手的又一秘诀。

1998年，美国权威的《商业周刊》报道了这样一组数字："亚马逊平均每位员工每年创造的利润竟是巴诺书店每位员工每年所创造价值的4倍——37万美元。"这足以令全世界震惊。1999年，贝佐斯更是带着自己帝国以区区的2100名员工打败了巴诺书店3万大军，创造出每年以10亿美元的销售额递增的神话。这场以少胜多的商业战役，体现了贝佐斯用人的智慧。

贝佐斯常常对负责人事的部门经理说："给我送批怪人来！"贝佐斯强调，在他的公司里，创新非常重要，因此能够提供创意的员工，是贝佐斯招聘人才的一个重要准则。并且他还向外宣称："我的团队不必太大，最好是两张披萨就能让他们饱。"那么到底什么样的"怪人"才能被贝佐斯看上呢？而怪人CEO贝佐斯又是怎样招聘员工的呢？

贝佐斯喜欢聪明的人，这点从他年轻时列出的那张女友要求标准表格就可以看出来。在大多数男人都情愿选择女人的脸蛋而忽略女人的内涵的时代，贝佐斯却坚持自己未来的女友一定要具有总统候选人一样能够解决现实生活中各种困难的能力。贝佐斯甚至说过："人生苦短，少和不聪明的人闲混。"

偏爱聪明之人的贝佐斯，坚信高学历可以证明一个人的智商及部分能力。招聘人才时，他不但关注人才的个人"创造力"，还对人才的学历背景也非常重视。可以说，亚马逊公司的门槛非常高，要想入大老板贝佐斯的法眼，应聘者的面试过程不亚于"过五关斩六将"。

约翰·多尔陪同贝佐斯一同面试前来亚马逊应聘的人。现场气氛十分紧张，已经有许多应聘者被排除。贝佐斯的提问相当怪异，常常使应聘者紧张得满头大汗。他会问道："如果你被缩小到一根铅笔大小，然后被困在一个搅拌机中，你将如何走出来？"或者"你能够在这个房间中放下多少个篮球？"其实，最满意的答案就是创新。贝佐斯在等待有卓越创造力的人才。

有一位年轻的计算机工程师回答出了贝佐斯所有的问题，多尔对这个小伙子非常满意。要知道都已经一上午过去了，终于碰到一个如此拥有"高智商"的年轻人，他十分看好这个人。看着贝佐斯仍然紧锁的眉头，多尔知道他还是不满意。

"杰夫，刚刚那位我觉得相当优秀了，他有高学历，好的家庭背景，才华横溢，而且精力充沛。难道你不打算雇用他？"约翰为刚刚那位优秀的年轻人感到惋惜，他觉得自己的这位老朋友过于苛刻，就好像"苏格拉底的试验"一样严格和谨慎。贝佐斯并没有抬头，他不断地在一张白纸上画着复杂的流程表，上面记录着刚才面试过的所有人的特质。突然他开口道："他没有梦想，你注意到没，他在谈到梦想时，眼睛里没有光芒。"贝佐斯平静地陈诉着，突然他把脸凑到约翰·多尔面前："约翰，看着我的眼睛，你看到了吗，这里面有野心与

梦想！我在找同样优秀并且有我这种眼神的人。"多尔看着他的眼睛，渐渐陷入了沉思，他想："或许他是对的。"

贝佐斯挑选人才的第二个标准就是没有信仰的人不能要。他固执地认为对于生活和事业没有信仰的人，是没有前途的。他对多尔说道："我们应该寻找那些正努力使自己的生命更有意义的人，他们不需要叮嘱就会主动关注公司的未来发展，并且会积极要求上进，去做重要的工作。有两件事是我最无法容忍的，一是没有信仰的博学多才，另一个就是充满信仰的愚昧无知。"

虽然亚马逊公司的面试难且苛刻，但是一波一波前来应聘的人才的热情丝毫没有减退。因为他们坚信能够创造无数传奇的亚马逊公司，是可以帮他们实现梦想的地方。

最终，令约翰·多尔更加震惊的是，贝佐斯笑了。在他那标志性的放声大笑中，多尔看到贝佐斯选到了一些"怪人"。这还真是不拘一格降人才：有巴洛克音乐发烧友，也有职业的超级赛车手；有受不了微软公司的挑剔者，也有狂热的运动员；甚至还有牛津大学里疯狂热爱写作的诗人。贝佐斯非常满意这群"怪才"，他们正是他苦心寻找的。因为他坚信："和这样的人才一起工作不会枯燥乏味，而且他们全都富有创造力，这点至关重要。哦，对了，他们还都有着信仰。"

由此可见，贝佐斯用人的方式确实很独特。他并没有局限于在图书销售行业的圈子里选择专业人才，而是尽可能选择

"全方位复合型的人才"。他如同刘邦一样知人善任。作为亚马逊帝国的最高首领，他以高超的人才组合方式最大程度上发挥不同特点人才的不同作用，他能对各种人才兼收并蓄，用人所长，这些都无不体现出贝佐斯的创新思维与超凡远见。

第二节　善于挖墙脚的大老板

> 我们对其他人的商业机密一点兴趣也没有，而最让我们感兴趣的是真正有才能的人。
>
> ——杰夫·贝佐斯

贝佐斯并不是一个胆小的人，相反，他的胆子太大了。他从不走寻常路，为了能够招揽亚马逊最需要的人才，他把主意打到了当时的美国零售业巨头沃尔玛那里。因此，他还惹上了官司。

1998年10月16日，沃尔玛公司愤怒地将亚马逊公司告上了法庭。原因是胆大的贝佐斯挖走了原沃尔玛公司旗下15名重要员工，其中还包括沃尔玛公司一位重量级人物：沃尔玛信息系统部门的主管查理·达泽尔。

和创造世界名牌的人
一起放飞梦想

要知道这位查理·达泽尔可不简单，他曾经是美国陆军的通讯军官，在为沃尔玛工作前就做过电子系统业务的研究和开发，是个名副其实可以"独当一面"的专家。他对电子商务及物流、仓库管理非常在行。后来他进入沃尔玛公司管理非常重要的销售及发货系统。就是这样一位重量级人物，硬是让贝佐斯费尽心思地给挖了过来。1997年9月，查理进入亚马逊信息部门担任负责人。

不仅如此，喜欢从其他公司挖人的贝佐斯还从微软公司挖来了许多人才。贝佐斯坚信："企业的竞争就是人才的竞争，我要更多有价值的人才。当然，他们能够愿意为亚马逊效劳，我也会给他们更大的空间及更多的财富。"

事实证明，贝佐斯"挖墙脚"是真的挖到宝了。这些具有多年销售及信息管理经验的大将的加入，直接为亚马逊带来了巨额的财富。前沃尔玛大将查理·达泽尔进入亚马逊信息部门一年以后，亚马逊公司的赢利额居然翻了4倍！由原来的8200万美元直线涨到了3.6亿美元！更令人震惊的是，那一年亚马逊网站的用户增加至450万人，超出同期开户人数的5倍！这足以看出此等精英的重要性。在亚马逊那简陋的办公室内，贝佐斯看着秘书传来的今年赢利数据分析表，不断地发出夸张的笑声。的确，贝佐斯应该放声大笑，因为他"赚到"了。

由此可见，贝佐斯识人的能力一流，他之所以能够"火眼金睛"识别出能够为公司带来巨大价值的人才，还得感谢贝佐斯从小喜爱计算及思考的习惯。因为只要闲下来，贝佐斯都会在办公桌上画着他自己才能看得懂的流程表。他经常思索一些奇怪的问题。例如"如果亚马逊的仓库出了意外，谁能来拯救我们？"在那张洁白的纸上，贝佐斯早就画好了亚马逊最需要的人才类型。有了明确的目标，他下手当然又准又狠。

沃尔玛的高管们深知被贝佐斯挖走的查理及另外15人的能力。他们起诉亚马逊公司盗取了沃尔玛公司内部的重大机密，并要求亚马逊赔偿他们的经济损失。这件事情在当时的华尔街引起了轰动。许多华尔街的人都对这个官司感到不解。他们怎么也想不明白，为何当时一个年收入高达1200亿美元的零售业巨头会状告一个年收入仅仅6亿美元并且尚未有任何赢利的亚马逊公司，还声称给他们造成了巨大损失？他们都在猜测亚马逊公司到底具有何等神奇的本领。沃尔玛的大佬们或许早就预测到了亚马逊未来的发展，他们明显感觉到了这家"小"公司会对沃尔玛未来造成的威胁。挖走一个人才就能有如此高的年收入增长率，这足以令沃尔玛担忧。

很快，这场官司的结果就出来了，沃尔玛公司的诉讼被驳回。因为大多数"盗取沃尔玛机密"的罪名都没有证据使其成立。但是沃尔玛像个愤怒的巨人一样，他喘着粗气，不死心非得二告亚马逊公司！1999年1月，亚马逊被明确指出他们挖走了沃尔玛公司15名员工的具体姓名及职位，并且被同时起诉的还有当时亚马逊的"老朋友"KPCB风险投资公司，凡是亚马逊拥有股份的公司，沃尔玛都疯狂地出击。

想知道这时候的贝佐斯在干什么吗？这个怪人一点都不着急。他已经想好怎么和沃尔玛打一场漂亮的仗了。在大多数企业遇到这样关乎企业信誉与形象问题而召开紧急会议的时候，贝佐斯只是一个人悠闲地在办公室里打开了亚马逊的大数据库，他要找一份"重大证据"。很快他搜索出沃尔玛公司相关的三本书籍，然后点击购买。当沃尔玛创始人山姆·沃尔顿的自传《成功美国梦》及其他两本书籍送到后，贝佐斯开始像个爱读书的"好学生"一样认真读了起来，并不时做着笔记。

贝佐斯到底想做什么呢？

办公室里突然传出贝佐斯那种令人头皮发麻的大笑。这个有自己独特风格的CEO，经常会这样。早已习以为常的员工们知道，他们不用担心沃尔玛这场官司了。他们会心一笑："我们的老板一定是找到了解决的方案。"

让沃尔玛公司意想不到的是，他们的官司居然败在了自己的手中。而原因竟是沃尔玛的开山祖师山姆·沃尔顿。怪才贝佐斯对《成功美国梦》一书进行了仔细研究，他摘抄出山姆·沃尔顿的话作为证据。在自传里，山姆·沃尔顿多次写到他是如何喜欢从竞争公司里挖墙脚。这足以证明"挖墙脚"是一种正当的招揽人才的竞争行为，也说明了亚马逊对沃尔玛的秘密并不感兴趣，他们只是喜欢人才！如果当年的山姆·沃尔顿得知他曾经写书四处炫耀的挖墙脚经历会成为今日亚马逊反击自己公司的利器，不知道这位传奇中的商业巨人会不会被自己气晕。

　　贝佐斯把山姆的这些话都让律师写在了法庭的文件里。在那场如同闹剧一样的官司里，沃尔玛没有得到一丝好处。最终两家公司达成了和解。而对于亚马逊公司来说，这确实是一个非常好的事件，因为能够和零售业巨头沃尔玛公司打官司，这无形中就提高了亚马逊公司的知名度！贝佐斯笑着说："这可真是免费的广告！"

　　并不是人人都可以把这件事情完美地解决掉。在危机面前，贝佐斯以他超凡的胆识及智慧带领亚马逊一步步化解危机。他独辟蹊径的方法，一度让世人称颂。

第三节　亚马逊"邪教"的洗脑运动

> 支配战士行动的是信仰。他能够忍受一切艰难痛苦，而达到他所选定的目标。
>
> ——巴金

　　每一位在亚马逊工作过的员工都深知，他们的大老板贝佐斯非常看重一点，那就是信仰。正如巴金所说，亚马逊的战士

们因有信仰而具有强大的战斗力，因有信仰才一次又一次创造出奇迹。

曾经有一位对亚马逊公司非常好奇的记者凯琳前来参观亚马逊内部。当她走进这个有信仰的亚马逊帝国时，她立即感到周围弥漫着一种奇怪的氛围。这位记者的奶奶是基督徒，她在有宗教信仰的家庭环境中长大，因此她很敏感地发现了亚马逊内部有种"宗教式"的氛围。带着疑问，她开始深入了解亚马逊。

"请问这则广告是要发布的招聘广告吗？"凯琳惊奇地发现眼前有一张纸，上面写着一则与众不同的求才广告："想加入我们吗？身为电子商务先锋的亚马逊公司，我们致力于创造历史，改变世界。如果你愿意加入一家永恒的公司，请联络我们。"凯琳从这则广告中嗅出了浓重的"宗教"气味。一家永恒的公司？致力于改变世界？这足以显示亚马逊与众不同的野心。凯琳了解到，亚马逊正以一种"强大信仰"来吸引人才。

凯琳还发现亚马逊是一个有些"专制"的公司，他要求所有的亚马逊人必须相信亚马逊在电子商务领域中未来的发展地位。并且所有员工都有这样的信仰："他们坚信亚马逊所做的一切都会成功。"这可以方便员工迅速建立起主人翁意识，有利于树立亚马逊人特有的价值观。亚马逊高层的领导者更是亲力亲为，像极了"宗教的传教士"。

一位曾经在亚马逊工作过的员工霍华德被贝佐斯解雇后

为《西雅图周刊》写了一篇文章，名叫《我是如何逃离亚马逊"邪教"的》。这篇报道相当有趣，向人们展示了大家所不了解的亚马逊的另一面。这引起了凯琳的注意，她找到了霍华德并对他进行了访问。

"霍华德先生，请问您为何称您是'逃离'亚马逊公司的？又为何开玩笑地比喻它像极了'邪教'？"凯琳问道。

"你知道吗，我在亚马逊工作时，当我正低头冥思苦想一件事情，总会有一些高管突然间跳出来，毫不夸张，是突然——懂吗？"霍华德点燃了一支香烟继续说道："可笑的是他们并没有什么事情，这些老前辈只是拍着你的肩膀告诉你，'亚马逊是世界上最棒的公司，并且来这里工作将会使所有人的生活具有意义'！"霍华德忍不住嗤笑，他深深吸了一口香烟。

"那您方便透露下，您是因何被亚马逊公司解雇的吗？据我了解，您个人的能力足以令其他电商企业觊觎。"

"这件事情说起来很不可思议。你能理解吗，只是因为我表达了对亚马逊一些事情'友好'的建议，我就被炒了鱿鱼。"霍华德至今不能平复情绪，他有些激动地说道。

"您能再说得具体一些吗？到底是什么建议呢？"凯琳十分好奇。

"我只是在与当时的主管克·艾尔面谈时，说了些很正常的话，但是这些话在亚马逊却是最大的禁忌。"霍华德陷入了

不息的商河亚马逊

回忆："哦，我想起来了，我只是对亚马逊当时销售内衣及其他家居产品表示了怀疑。我告诉艾尔：'这样做的话肯定会使亚马逊的销售领域不集中而过于分散，从而使亚马逊减少竞争力。'"

"就是因为这句话吗？"凯琳诧异。

"是的，就是因为这样。我被认为对亚马逊没有信仰。第二天我就接到了解雇的电话。"

的确如此，亚马逊的员工们无论从上到下，都虔诚地相信"他们正在创造一个前所未有的新世界，亚马逊将会有无比辉煌的未来。"他们对亚马逊都显现出强大的忠诚度及工作的热情。这种强烈的组织信仰力量在所有的员工中聚积起来，形成了亚马逊独特的信仰文化。

由此可见，贝佐斯对于信仰的有多重视。他要求所有的亚马逊人都必须相信自己，相信亚马逊。他将自己的公司比喻成一条不息的商河，而亚马逊中的每一名员工都像河流中的一滴水。贝佐斯知道他要做的就是通过建立员工的这种信仰，从而使每一滴水最大化地发挥自己的价值，最终在他的带领下汇成一条强大的河流，向贝佐斯定好的目标流去。

信仰，可以冲破一切障碍，也正是因为亚马逊这种"宗教式"的信仰，才使公司在无论处境多么困难的时候都没有丝毫动摇。有了高素质的人才大军，再加上每个人"洗脑"后坚定的信仰，亚马逊想不壮大都难。

第四节　他凭什么以最低价格留住了人才？

授人以鱼，不如授之以渔。

——老子

　　虽然亚马逊被爆出他的企业内部像个"邪教"一样具有强迫性的信仰行为，而亚马逊前员工霍华德又对外揭露在亚马逊工作是何等的恐怖，但是这并没有影响亚马逊人才库的稳定。相反，亚马逊的员工们很少有后退之意。

　　这时候或许很多人猜测，亚马逊公司的薪资水平一定很高，肯定是高额的薪水留住了人才。但是令人意想不到的真相是：亚马逊员工的薪水非常低，甚至低于它的竞争公司。贝佐斯和全体员工都十分节俭地工作着，甚至员工生病了还需要自己支付大部分的医药费，因为贝佐斯并不负责报销。

　　更夸张的是亚马逊公司那几年的办公环境也不太好，贝佐斯一直拒绝更换他用废旧门板或者复合板组装成的办公桌。亚马逊的精英们不得不每天带着砂纸上班。因为他们需要经常打磨桌子的边角，以防止自己身上昂贵的羊毛衫被粗糙的桌子边角刮破。有这样节俭的老板，亚马逊的高管们更不可能指望贝佐斯会为大家加薪。

一位叫做史蒂夫·雅格的亚马逊工程师，曾这样评价过他的老板："贝佐斯并不是一位十分'友好'的总裁，他更像个火星人，在面对下属的错误时，有时甚至有些无情。但是这并不表明他没有善意，他只是无法忍受低工作效率的员工。"

的确如此，亚马逊的员工们私底下喜欢叫贝佐斯"怪人"。史蒂夫·雅格更是形容他为"超级恐怖的海盗"。

如果你不小心做错了事情，贝佐斯就会毫不留情地用他那夸张的语气对你说道："你是懒惰还是无能？"或者是"再让我看到这样的错误，我就去自杀。"再或者他会捂着脸问你："伙计，请问你能表现出一点人类应该有的智慧吗？"

这些话语常常像炸弹一样轰炸着那些"一不小心"使贝佐斯感到不如意的员工，他们常常可怜得如同被橡皮锤敲击过的蚂蚁。

但是贝佐斯并不是胡乱地讽刺员工。相反，他的批评总是很正确。他经常可以一语中的指出错误，并且提出最佳的解决方案。而这也使他的员工可以快速意识到自己的错误，并且在贝佐斯"叫骂"般的指引中迅速成长。

琼斯是亚马逊的一名老员工，她常说："如果我们能够证明他说的是错误的那就好了，但是我们不能，贝佐斯拥有一种令人难以置信的能力，就是在和他沟通即使他并不了解的领域里的问题时，他总能准确判断，并且毫不留情地指出错误。"

有这样高标准且严厉的老板，薪资还如此低，按理说明智的员工都应该像霍华德一样选择"逃离"可怕的亚马逊这个"邪教"。可是为什么大家还都留了下来？到底是什么原因使贝佐斯以如此低的薪资留住了这些高端人才呢？在IT行业人才流动率普遍高的情况下，在其他公司都对亚马逊人才虎视眈眈的时候，让我们来看看这位"怪人"贝佐斯是怎样留住人才的。

贝佐斯不仅仅是个优秀的企业家，他更像个哲学家。对于亚马逊人才军队的管理，他有着自己的一套哲学理念。中国的老子曾说过："授人以鱼，不如授之以渔。"贝佐斯便是这句话的践行者。他相信给予员工最高的薪水不如给予员工实现个人梦想与价值的机会。即使没有丰厚的薪水和优越舒适的工作环境，他一样可以通过别的方式使员工得到最大的"亚马逊工作幸福感"。

贝佐斯留住人才的一个强有力的秘密武器，就是亚马逊可以实现"全民90%以上持股"。他从创业初期到现在，一直坚持"全民持股"的企业薪资福利理念。贝佐斯相信只要他能够和亚马逊的每一位员工共同分享公司每一次成功所带来的财富，就可以培养出亚马逊员工独特的主人翁意识。而具有主人翁意识的员工，才能够最大化地为亚马逊做贡献。

贝佐斯自豪地向外界宣称："虽然我们没有高薪，但是只要你肯在亚马逊踏实努力工作，就可以享有限制性股票计划。"

这对员工来说无疑是最大的诱惑。只要肯努力工作，你就可以成为公司真正的"当家一分子"，这使亚马逊人更加倾向致力于去创造未来亚马逊帝国的宏伟蓝图。因为亚马逊的未来也有他们的一份。

贝佐斯以关注每一位员工的成长与长远利益为承诺，教会员工们放弃眼前薪水的短期利益。因为只要你肯努力工作，亚马逊就会提供你最体面的待遇和不同于其他公司的丰厚回报。这个一向在公司内部基础设施建设及办公用品上极度"抠门"的老板，原来还有如此慷慨的一面。他像个哲学家一样告诉所有人："对于不可能为顾客带来任何好处的钱我不花。毕竟我的办公室好不好，豪华不豪华，和顾客一点关系没有。但是对于有贡献的员工，他们理应得到回报。"

贝佐斯另一个留住人才的绝招就是，他为亚马逊员工们建立了另类的"幸福感培训"。这个培训也是贝佐斯"授人以鱼，不如授之以渔"人才管理哲学的一部分。他认为一个团队的幸福感至关重要。一个有着高超技能及经验但是缺乏幸福感的团队，只能是一盘散沙，最终会从指缝间溜走。

1997年，在亚马逊内部的会议室内正在召开一个令外界感到匪夷所思的会议。贝佐斯带领他的高层人员正在讨论着关于员工幸福度的长远计划。

"各位，我打算在未来的4年内为公司所有员工免费提供一项特殊的培训，但是它将不同于以往我们员工的专业技能培训，甚至和它毫无关系。"

下面的高管们面面相觑，他们实在搞不懂他们的怪才老板又想出了什么奇怪的点子。人事部的主管好奇地问道："老板，您打算设定什么课程，我好做准备。"

"课程很简单，就是你需要做一份调查，最好全面一些，看看大家都想要学习些什么？"贝佐斯轻松地回答道。

"什么？老板，我没听错吧，只要是员工感兴趣的，和工作毫无关系都可以？"人事部主管觉得这简直是天方夜谭。

的确如此，贝佐斯在亚马逊不断亏损的时期，仍然不顾股东们的反对，拿出相当大的一笔费用来开展员工幸福感培训计划，并且他还和美国的劳工统计局合作，让员工们可以接受到各行各业的培训。当时的培训课程更是五花八门，许多课程和亚马逊公司的业务并没有任何关系。例如课程包括：飞行员基本技能、高级病房护理知识、盆栽设计、电脑维修技术等。贝佐斯坚信，他开创幸福感培训的主要目的不是增强员工的各项技能，而是让员工体验到生活的乐趣，从而对工作产生巨大的热情。并且从长远角度来讲，这种幸福感培训可以使员工整体学习能力得到提升，从而使亚马逊人才军队的整体素质不断提高。

除了员工可以获得股票及"幸福感培训"，亚马逊公司还有不同于其他公司的激励策略以及"充满惊喜的工作氛围"。

在亚马逊工作，他们可以有前所未有的新鲜感。

贝佐斯允许他的员工带着宠物上班。他并不像外界误传的那样"冷酷无情"，在工作状态下总是化身为"可怕的海盗"。大多数时候，他会变身成可爱的"顽童"。这位"顽童"对员工辛苦工作表示感激的方式也十分另类。怪人贝佐斯身上总是有独特的魅力，能够和他一起工作，你永远不会感到乏味无趣。

1997年的一个春天，程序员格雷·格林登如同往常一样在办公室里忙碌着。他正在将昨天汇报给贝佐斯关于提升顾客阅读的程序应用到亚马逊的网站上。突然，办公室的大门被撞开了，贝佐斯大步冲到了格林登面前，他深深地向格林登鞠了一躬，然后双膝跪地高喊："我不配！我不配！"

格林登完全呆住了。他被眼前发生的一幕震惊得说不出话来。随后贝佐斯起来，他不知道从哪里变出一双耐克牌旧球鞋。他说："格林登，你还记得耐克的口号吗？"

格林登只是呆呆地回答："知道，是'放手去做'。"

"哈哈，太对了！恭喜你格林登，作为奖励你为亚马逊网站做出的非凡创意成就，这双球鞋是你的了！拿着它，它代表'放手去做'的荣誉。"贝佐斯双手托着那双球鞋，仿佛托着神品一样，表情虔诚且严肃地把它放在了格林登的手中。

格林登后来回忆道："我只知道，当时我感觉到了一种从未感受过的骄傲，就好像有股暖流直接冲到头顶。那种对自我价值的肯定来自那双旧球鞋。那感觉实在太奇妙了，当我接过那双旧球鞋时，仿佛它闪着美丽的金光。而这份感觉，在其他公司，我永远不会体会到。"

贝佐斯还善待亚马逊的功臣，在他"冷酷无情"的工作态度之外，他还想尽办法对为亚马逊做出突出贡献的早期员工表示感谢。

在亚马逊公司成立四周年纪念日那天，贝佐斯突然宣布他将送给卡凡及早期创业的功臣们一份神秘大礼。

"伙计们，你们是亚马逊的功臣，应该获得最高的奖励和回报！"贝佐斯在台上激动地宣布着。随后一架直升机在会场外的草坪上降落。从飞机上走下来的居然是卡凡的妻子及其他程序员的配偶和孩子们。贝佐斯紧接着大声宣布："伙计们，美好的茂伊岛度假正等待着你们！请你们牵起你们另一半的手，去享受亚马逊对你们最诚挚的谢意。"

卡凡他们都惊呆了，瞬间这几个铁一般的男子眼眶湿润了。在礼仪小姐的带领下，他们几家人走过红毯，在亚马逊员工雷鸣般的掌声中登上了飞机。

然而这只是惊喜的一个开头。等卡凡精神抖擞地度假回来后，他收到了贝佐斯赠予他的100万股股票。卡凡用辛勤的工作以及对亚马逊无比的忠诚换来了亚马逊回报给他的巨额财富。在2010年，当他卖掉股票时，他突然发现自己已经成为拥有126亿美元的富翁了。据《福布斯》统计，卡凡成了全球排

不息的商河亚马逊

行第18的亿万富翁。这一切，让卡凡落下了感动的泪水，他在心里呐喊："我爱亚马逊，我爱贝佐斯！"他想起自己曾抛下远方的家追随贝佐斯来西雅图打天下的日子，那些都成了他最正确的抉择与最美的回忆。

授人以鱼，不如授人以渔。贝佐斯虽然没有直接付给员工高额的薪水，但是他以创新另类的形式，给予员工自己去创造财富的动力，又为每一位亚马逊人带来重塑生活的激情与工作的乐趣。他还给予他们最富有尊严的奖励。试问如果你有幸成为一名亚马逊的员工，是不是也会有一个渴望成为"第二个卡凡"的梦想？

Amazon.com

第六章　　**他是纸质书籍的**

终结者？

■ 第一节　神秘阅读器的降临

　■ 第二节　"苹果"大哥，我并不想和你"竞争"

　　■ 第三节　改变世界的力量

Amazon.com

如果说中国的活字印刷术是一次伟大的技术革命，它改变了传统的抄写，使人类的阅读方式第一次发生变化，那么亚马逊创造的Kindle Fire电子阅读器就是导致世界上第二次人类阅读习惯变革"利器"。贝佐斯的梦想是改变世界，他确实做到了，他让电子阅读终端逐渐普及，这是一种创造性的破坏，传统图书将面临被淘汰的危机，电子图书将大行其道，纸质图书的未来，将何去何从？

第一节　神秘阅读器的降临

贝佐斯是一个有勇气去做那些华尔街看不懂且不认同的事情的人，不论是AWS还是Kindle。但事实证明他的每一次尝试都是有远见的创新，也是对的。

——李开复

贝佐斯一直以来以创新为己任，他最大的不同就是没有其他公司领导者身上的"安稳中求进步的心态"，他认为他的使命不仅仅是赚钱，还有发明新的创新工具，不断去颠覆去冒险。贝佐斯形容自己更像一个探索者，他希望他发明的创新工具，可以改变我们的生活，甚至改变世界。

2007年11月19日，亚马逊公司发明的Kindle电子阅读器正式诞生了。贝佐斯为了新产品的推出，做足了准备。在曼哈顿联合酒店里，无数来自外界的记者、电子爱好者与其他电商精英们齐聚一堂，等待着贝佐斯来向大家揭秘亚马逊新出生的"神秘武器"。早在几个月前，贝佐斯就大肆向外界宣传Kindle，大家已经迫不及待地想要见见这个新科技的宠儿到底长什么样子？

突然，室内的灯被全部关闭了。在一片漆黑中，一束摇曳的灯光出现，随着灯光全部打开，贝佐斯手中举着亚马逊的新产品Kindle电子阅读器出现在所有人面前。那是一个重量很轻，长相有些像苹果的iPad的阅读器，它很薄，放在手中相当轻便。并且，用户可以在关灯的房间内趴在床上阅读，这样睡在身边的"他"可以完全不受影响。

Kindle Fire一露面，就在市场上引起了非常大的轰动。贝佐斯甚至故意告诉所有人："Kindle Fire将会在推出5小时内销售一空。"因此，许多人都迫不及待地想试一试这个被贝佐斯号称"新世纪最伟大的发明"、"会改变人类阅读方式"的神器到底怎么样。为了能够买到这款"阅读神器"，已经有相当一大部分人在几个月前就开始网上预定了。尽管贝佐斯相信自己的产品会获得大卖，但是他还是为Kindle所取得的成功感到惊讶。就在Kindle Fire发布后的五天时间里，亚马逊公司已经卖出去25万台Kindle Fire。现在Kindle已经成为亚马逊最畅销的产品。据市场调查显示，许多人最想得到的礼物就是Kindle。

Kindle之所以能够一推出就获得巨大的成功，它的背后是贝佐斯带领Kindle设计团队历经4年的不懈努力与等待的结果。

贝佐斯从不缺乏耐心与坚持，他可以为了亚马逊的长远价值做好长期赔钱的准备。这次，他为了推出Kindle，足足用4年的时间来反复实验，最终使这款电子阅读器具有最佳性能。

原来早在2003年3月，史蒂夫·乔布斯创建iTunes虚拟网上音乐商店时，贝佐斯就深受启发，他想："史蒂夫可以让音乐数字化并通过互联网直接收听，那么作为全世界最大的书商亚马逊，为什么不能也使图书在网上阅读呢？"

机遇常常降临在善于思考并且时刻准备着的人们身上，善于发现机遇的贝佐斯从此打开了变革人类阅读方式的大门。

贝佐斯是个不折不扣的行动派，有了想法后他立即开始行动。经过整整一年的周密构思及准备，他决定在2004年春天开始展开这个计划。他告诉自己的高层管理人员："我需要一个专门开发数字化系统的硬件开发人员，并且要有足够的经验。"这位收到命令的高管立即运用亚马逊多年来形成的人才搜索网络，很快，他找到了合适的人才。

和创造世界名牌的人
一起放飞梦想
Let the dream fly

这位高管在一家咖啡厅里约见了格雷格·泽哈，他曾是苹果公司负责开发个人数字化硬件的工程师。"您好，格雷格先生，我代表亚马逊公司希望请您为我们设计一款新型的电子阅读器。"负责这件事情的高管边喝着咖啡边说。

"哦？新型的电子阅读器？你们凭什么认为我会答应贵公司的请求？这个项目有什么特殊之处吗？"格雷格不以为然地问道，他并没有对这个构思产生兴趣。

"格雷格先生，我保证，如果您不加入我们，您日后定会后悔。"亚马逊的高管突然无比严肃地说。

"是吗？除非你可以给我一个让我会对此感兴趣的理由。"格雷格心想，他们有这么大的自信，或许我可以听听他们的理由。

"改变世界。"亚马逊的高管只吐出了简单的这四个字。

的确，贝佐斯的野心是改变世界。格雷格在听到这四个字后毫不犹豫地接受了这个项目。

试问还有什么事情比能够改变世界更有趣更有价值呢？

格雷格很快成立了专属开发"改变世界"高科技产品的实验小组，贝佐斯给它命名为"实验室126"。在硅谷的库比蒂诺，格雷格带领他从苹果公司动员来的一些硬件工程师们开始了神秘的研究。

项目刚开始时并不顺利，毕竟贝佐斯所要求和设想的

"阅读神器"太过完美，而实践起来相当困难。格雷格发现，他面前摆着一个非常棘手的难题。他发现，要想使这款电子阅读器被读者喜欢，那它必须在长时间的阅读中不会使读者的眼睛感到疲劳。贝佐斯一直溺爱他的客户，"人性化"是这款神秘阅读器设计的核心理念。哪怕是一个小小的细节，他都必须要求完美。

贝佐斯与格雷格带领"126实验室"经过无数次的实验，在无数的失败中总结经验，最终将"电子纸"与"电子墨水"技术完美融合在一起，把它应用在Kindle的身上。Kindle虽然是一款电子阅读器，但是它的完美设计使人们不用为长时间阅读伤眼而担心。

正是因为贝佐斯关注细节，对Kindle人性化的处理，才使它一上市就打败了同样开发了电子阅读器的竞争对手索尼公司。索尼公司同样嗅出了电子阅读的商机，但是它的阅读器并没有强大的电子墨水技术，在阅读的过程中，翻页会产生刺激眼睛的白光，这无疑成了一大败笔。

Kindle能够打败竞争对手，还有一个重要的原因。在Kindle上市前，贝佐斯就从客户体验方面对这款产品做了充足的准备。他改变了传统阅读无法打破的限制。那就是"如果你想要更多的书籍，你只能去大型的图书馆。但是那些并不能全部属于你，带走，更是做梦！"贝佐斯让这一切成为现实。他从客户的角度出发，专门为Kindle设计了无线下载技术，并且在阅读器正式销售后，他告诉大家："亚马逊的Kindle用户可以得到亚马逊公司赠予的免费3G服务！"结合亚马逊公司具有世界上最大的书源的优势，Kindle一上市就为读者提供了大约10万本电子书的下载资源，而这台设备在当时已经具有200本图书的储存量。

在现实世界中，所有爱书之人终于可以随时在网络上挑选自己喜爱的图书，可以不用坐在图书馆里，只在家中就拥有巨大容量的书库。

毫无疑问，Kindle获得了巨大的成功。它几乎是所有爱书之人最希望获得的礼物。自从这款"阅读神器"诞生后，人们的阅读方式发生了巨大的变革。虽然贝佐斯不是第一个推出电子阅读器的人，但是他凭借"以客户为中心"的设计理念打败了同年推出电子阅读器的所有竞争对手，从根本上改变了人们的阅读模式。贝佐斯通过长期的筹备与坚持，敲开了人类未来阅读世界的大门。

正如美国著名诗人朗费罗所说："坚忍是成功的一大因素。只要在门上敲得够久，够大声，终必会把人唤醒。"

而亚马逊唤醒的是人们曾经梦想中的世界。那里有一个声音在问："人们还想要纸质书吗？"

看来，创新改变世界。

第二节 "苹果"大哥，我并不想和你"竞争"

> 当一个人知道自己想要什么时，整个世界将为之让路。
>
> ——美国谚语

从一开始，贝佐斯就知道，他给Kindle Fire的定位就不是"平板电脑"。因此，亚马逊压根就没打算跟苹果公司的iPad抢占市场。

尽管如此，贝佐斯可谓是"无心插柳柳成荫"。当2011年苹果公司的iPad2流行正热的时候，人们惊奇地发现，亚马逊公司推出的二代Kindle Fire的销售量已经突破500万台。细心点的你是否发现，在火车车厢里，如果对面有一位乘客在用苹果公司的iPad玩着愤怒的小鸟，就有可能旁边的乘客在安静地拿着亚马逊的Kindle Fire浏览图书。

这无不表示，贝佐斯的Kindle Fire足以和苹果公司的iPad一争高下。

这引起了苹果公司CEO乔布斯的注意。

但是贝佐斯并不喜欢大家把他的Kindle Fire和苹果公司的平板电脑相比较。实际上，它们也确实没有可比之处。

移动互联网加速器服务商App celerator的副总裁接受采访时就曾说："你会觉得它像iPad吗？应该不会，无论是价格还是其他什么因素，你都不会指望它是一款iPad，尽管它的性能确实不错，它们会各自瞄准自己的用户人群。"这段话精准地把贝佐斯对于这款产品的定位总结了出来。贝佐斯甚至表示，与其说Kindle Fire是平板电脑，还不如称呼它为"可以在线购买数字产品的电子阅读器"。

的确，当苹果的iPad有着大屏幕炫酷的影音娱乐体验时，Kindle Fire只有7寸，它的外表还不是那么的漂亮。甚至它还没有麦克语音设备，并且它只能支持Wi-Fi这一种无线连接，它并没有给3G通讯留下位置。无论从哪个角度来对比，Kindle Fire都和当今市场上的平板电脑在性能上相差甚远。可就是这样一款好似处处都比苹果公司的iPad差很多的Kindle Fire，又是为什么能够和苹果公司的宠儿iPad在平板电脑的市场销量中一争高下呢？

原来，贝佐斯深知亚马逊最大的优势是它拥有全球最大的图书在线内容的供应商及世界上最大的云储存服务。从一开始，Kindle Fire的精准定位就是依靠它身后惊人的资源来获得利润。贝佐斯并没有过多地在这款电子阅读器的硬件上下功夫，因为他知道他卖的不是"硬件"，而是亚马逊的"金牌服务"。Kindle Fire专注为更多热爱阅读的人提供更愉悦便利的客户体验，这才是它最大的卖点。

贝佐斯是个理性的商人，他不喜欢跟风，而总是喜欢持续坚持他自己认定了的事情。他告诉自己："找准位置，才有作为。"

的确如此，一个人如果对自己有清楚的认识，知道自己的优势和劣势，知道哪方面该努力、哪方面该放弃，那么他就已经成功了一半。贝佐斯并不打算走苹果公司的老路，他深知如果他像市场上其他跟风的企业一样模仿iPad甚至妄想超越苹果的平板电脑，是很不现实的。他甚至自嘲说："我并没有乔布斯这样神一般玩家的非凡洞见。对于开发平板电子娱乐，亚马逊注定是个败军。"

这无不彰显了贝佐斯的远见卓识。他像个哲学家一般告诉媒体："我们不愿意看到亚马逊的任何一款产品被拿来和任何一款市面上流通的产品相比较，亚马逊就是亚马逊。在我看来，如果我们总是在关注自己的对手在做什么，那么这个公司的发展就会被别人牵着鼻子走。"

贝佐斯还是个十分"固执"的商人，在他为Kindle Fire准确定位后，他开始为研发Kindle Fire终端做好了长期赔钱的准备。

在当年研发过程的年度汇报会上，贝佐斯正在和公司的高管们商讨Kindle Fire研发的具体事宜。在谈到预算这个问题时，亚马逊的财务总监站起来问道："老板，您预计为Kindle项目投入多少资金？"在所有人员的注视下，贝佐斯慢慢抬起他埋在文件中的头，然后只是反问了一句："我们还有多少钱？"

贝佐斯无疑是个十足的"疯子"，他的话令全公司上下倒吸了一口凉气，因为他们知道："我们的大老板又要倾家荡产来进行他的长远计划了！"而他们不得不又得勒紧裤腰带过日子了。

2003年，贝佐斯开始将公司赢利的全部资金用来开发Kindle Fire。2011年时，当亚马逊的财务总监垂头丧气地将财务报表放到贝佐斯桌子上时，这位怪才CEO只是淡定地看了一眼，并没有任何反应。要知道，那张表格上可是写着亚马逊的赢利额已经倒退到2010年前的水平。比往年减少了45%，仅仅为6.31亿美元！

正如贝佐斯常说的，他关注的是公司的长远利益。他不仅仅是为了赚钱，更是为了建立一个"永恒"的公司。

贝佐斯的举动再次令亚马逊的股东们头痛不已。然而等Kindle Fire终端阅读器上市后，贝佐斯更做出惊人之举，他不顾股东的反对坚持为公司的长远价值投资，把Kindle Fire的售价定在199美元。他可以连续赔本好几年，去吆喝自己的Kindle Fire终端。这一切都让贝佐斯看起来过于疯狂。

但是一切事情的真相是：请不要被眼前的一切得失蒙蔽

了。这个从来不按常理出牌的怪人，他站立的位置并不是寻常人的高度。

而眼界的高度决定未来成就的高度。亚马逊创建至今18年，贝佐斯正是凭借他非凡的智慧带领亚马逊公司跨过一次又一次危机，并且带领亚马逊成功从传统零售经销商模式向着技术研发创新华丽转身。多年来的坚持终有回报，亚马逊如今成为名副其实的可以"改变世界"的公司。

所以当所有的股东还为亚马逊赔钱这件事担忧不已的时候，贝佐斯只是从容地坐在自己那张并不豪华的办公椅子上思考着是否还要继续降价？因为贝佐斯明确地知道他只是想在电子书市场站稳脚，然后好开展他脑海中另一个会"改变世界"的计划。

当一位叫做约翰·沃肯巴赫的知名博主对亚马逊公司Kindle Fire降价幅度用曲线图象化并进行研究时，他惊讶地发现2011年下半年开始，经贝佐斯调整后的Kindle Fire的价格幅度越来越小，这条曲线已经近乎于一条直线了！震惊之余他致电采访了杰夫·贝佐斯询问此事。贝佐斯只是神秘地笑着，并淡淡地说了句：

"哦，你注意到了。"

第三节 改变世界的力量

他已经颠覆传统图书行业和电商，如今他正在推动服装零售、电影制作甚至平板电脑市场的变革。

——美国《财富》杂志

贝佐斯在改变了人类的传统阅读方式后，他的另一个"改变世界"的计划到底是什么？他疯狂低价出售Kindle Fire背后的真实目的又是什么？

曾有知名媒体人说："当我们在做盗版电子书或山寨阅读器的时候，贝佐斯和他的亚马逊正在重新构建出版业，这就是我们和他之间的区别。"

让我们来看看贝佐斯这位传奇CEO的脑袋里正在打着什么算盘，难道他这次真的可以改变传统出版业的秩序吗？

据美国市场研究机构福瑞斯特统计，2010年电子书的销售额是10亿美元。那么随着电子书未来市场的高速增长，到2015年时，或许电子书的销售额每年都会增加30亿美元！由此可见，电子书市场正在逐年壮大，而传统书店的营业额却在逐年下降。

更可怕的是，贝佐斯大幅度为亚马逊电子书商店里的电子书降低销售价格，甚至每一本都会赔上5美分！这无疑给传统书商巨大的打击。2010年时，世界上最大的连锁书店巴诺书店不得不宣布他们已经把位于道尔顿的最后一个书店关闭了。而世界第二大的博德斯书店集团也没有好到哪里去，它已经连续4年亏损，早就被电子书市场冲击得"伤筋动骨"且"疲惫不堪"。2011年时，巴诺书店已经无力继续经营，他不得不对外宣布破产。传统书商们都恨透了贝佐斯，认为他是一个冷酷无情的侵略家。如果说让亚马逊不断成长继续侵略的话，他们都担心实体书店未来该何去何从。

贝佐斯很早以前就敏锐地嗅到了未来出版业的发展趋势，他断定："未来电子书一定是图书市场的主宰。纸质图书的命运就像马一样，虽然不会消失，但被新的载体取代是不可避免的。"所以他采用大规模降价销售Kindle Fire的方式，以保证亚马逊在电子书领域内的领先地位。人们每低价获得一台Kindle Fire，就会从亚马逊电子书商店中购买电子书。这样，就会形成一个良性的循环，亚马逊直接促成了电子图书销量的增长的同时，也有更多的人被领进亚马逊的大门。当习惯成为一种可怕的自然，亚马逊甚至不给未来的竞争对手在虚拟书库与之竞争的机会。

由此可见，贝佐斯以舍弃眼前的短期利益来换取亚马逊长远价值这一举措的正确性与高瞻远瞩。低价背后的真实目的就是："我并不是特别关注Kindle Fire的本身价值与赢利，而是销售它带来的未来电子书市场及整个亚马逊的品牌效应。"并且贝佐斯还通过Kindle Fire推广了亚马逊在线商店里的电影、电视剧、音乐等数字产品。贝佐斯只是通过Kindle Fire的手，瞬间化身为一名出色的导购员，引导购物者走进亚马逊全球最大的在线商店！

随着Kindle Fire的成功推广，它将为亚马逊搭建起世界上最无以比拟的服务平台。在亚马逊公司的股东大会上，贝佐斯再次提出新的创新理念，他将利用Kindle Fire这个平台，从而实现出版商、作者、与读者之间的共赢局面。一封名为《发明的力量》的信件被传递到了亚马逊每一位股东手中。信中详细记录了下面几位作者描述的Kindle Fire为传统出版业带来的巨大变革。

"我不知道2010年3月，也就是我决定通过Kindle出版服务出版图书的第一个月，将成为我生活的定义时刻。在不到一年的时间里，我就已经获得了足够的点击率，这使我可以辞掉工作全心全意专心写作！"恐怖小说畅销作家布莱克·克劳奇通过在亚马逊Kindle平台出版图书，他的生活也随之有了翻天覆地的变化。他认为："这绝不只局限在生活层次上的改变，它更使我个人无论从情感还是思想方面都更具有创造力！"因此，从那以后，他开始了全职写作生涯。

克劳奇更是感慨道："我非常感激亚马逊Kindle服务，因为有了它，我有了更多自由的时间陪伴我的家人，而且我还可以在家中做我的撰稿工作，并且我不再需要强迫性地按别人的要求去塑造我的故事，我可以为我脑海中随时迸发出的灵感而撰写，你知道无所束缚的灵感才是最具有价值的！而且整个过程都没有传统出版社的编辑对我撰写的每一个细节挑三拣四，这使我成为一个更强大的作者、产量更高的作者，最重要的是我变得更快乐。"这位恐怖小说作家明确地指出亚马逊和Kindle出版服务为出版世界缔造了新创造力，并且为更多的作者实现了终身的梦想！

另一位畅销书《Nobody》的作者克里斯顿·马佩斯也曾说："是亚马逊Kindle这个平台帮助我打破了曾经出版行业平庸而死板的传统大门。你可能不会知道，我曾经为了知道自己写的故事能否争取读者浪费过多少时间，又经历过怎样的艰苦奋斗。现在，我可以完全放松自己去创作。我的新书《Nobody》不再需要我自己出去吆喝，它只要静静地被贴上2.99美元的标价躺在亚马逊的电子书商店里，就吸引来了曾经从未触摸过我这种小说的读者们。现在，我敢于去撰写一本关于灰姑娘的书了。你要知道，曾经，我可没有那个胆量。"克里斯顿·马佩斯同样认为，有了亚马逊Kindle后，更多作家的潜力被无限挖掘了出来。

再来看看《父亲的家》一书的作者亚历山大是怎样说

的："Kindle为作者提供的出版服务令每一位有幸与它合作的作者都得到巨大的收益。可以说它为作者打开了另一扇天窗。你能想到吗，现在我每月获得的版税甚至超过了曾经一整年里我从传统出版社那里得到的版税。我已经不用为写作是否能养活自己而发愁了。要知道过去我每天醒来都会有这样的担心。现在我的银行卡里有了足够的存款，我已经可以带着梦想去全球旅游，去外出寻找灵感。是亚马逊使我作为作家的生活变得无限美好。这使我感觉自己就像是在亚马逊找到了合作伙伴，他们理解这个行业，理解每一位作者。"亚历山大以自己为例，他不断强调了亚马逊的伟大之处就是它改变了传统出版业的面貌。他认为这不但有利于作者，也有利于读者。

由此可见，贝佐斯可以毫不夸张地说："我改变了传统的出版秩序。"在亚马逊有可能摧毁传统书店的同时，这位电商巨人再次凭借自己对电商界高瞻远瞩的判断力与超凡的创造力激起了传统出版业最根本、最具价值的变革。他让读者、出版商以及作者三方实现了利益共赢。最重要的是他推动了更多的人去释放自己的激情与创造力，是他让许多作者无法实现的梦想成真。

这个世界，因为有你贝佐斯，而变得更加与众不同。

Amazon.com

第七章　亚马逊的战国时代

■ 第一节　与"头号劲敌"巴诺过招

■ 第二节　向CD王国大佬挑战

■ 第三节　征战世界的梦想

Amazon.com

贝佐斯不仅仅是最具梦想家和哲学家气质的CEO，在亚马逊发展的18年风雨历程中，他更像一名智谋超群的军事家。正所谓商场如战场，在一次次与竞争对手的拼杀中，贝佐斯是如何带领着亚马逊"以小博大"，创造辉煌战绩的呢？

第一节　与"头号劲敌"巴诺过招

> 如果你不够顽固，会太早放弃挑战与尝试。如果你不够灵活，只会以卵击石，看不到其他解决问题的办法。
>
> ——杰夫·贝佐斯

贝佐斯从一开始就知道，巴诺这位传统书商巨人是亚马逊必须面对的第一强敌。商场如战场，如果你不英勇前进，对手就将一口吞掉你。

面对这个强大的竞争对手，一直以来从不缺乏冒险精神的贝佐斯选择主动出击！他想："即使我不挑战巴诺，他也不会放过亚马逊，毕竟曾经是美国书商老大的巴诺，是不会允许我的亚马逊在它的地盘里撒野的。"因此，贝佐斯居安思危，着眼于未来，从他创建亚马逊的第一天起，他就时刻提防并准备着打倒这位传统的书店巨人。

但是作为一个刚刚起步的小公司，贝佐斯又是哪里来的勇气相信自己能够战胜已有近百年历史的书商巨头？这时候的贝佐斯一定会告诉你："我知道如果失败了，我不会后悔，但是我一定会后悔从未尝试过。"的确如此，世界上最大的对手不是敌人，而是比敌人更可怕的内心深处那个怯弱的自己。因此，只有充分地挣脱自我、挑战自我，才能够拥有不一样的人生。

更出乎意料的是，这个刚来图书市场闯荡的"毛头小子"，居然在和巴诺"老大"的过招中大获全胜，并且将这个曾经无限风光的巴诺巨人逼得狼狈不堪。

1995年开始，随着亚马逊网上书店的迅速崛起，美国的传统书店受到了巨大的冲击，传统书店的销售额开始大幅度降低，最令人惊讶的是，巴诺书店在这场传统书店与亚马逊网上书店的竞争中竟是受影响最大的。2011年时，巴诺这位曾经像巨人一样高大的书商，成了"落后就要挨打"的灰色代名词，面对亚马逊电子图书市场的无限壮大及贝佐斯疯子一样的大幅度降价策略，巴诺无时无刻不面临着破产的危机。

贝佐斯之所以能够取胜，其秘诀之一就是他对亚马逊公司进行了明确的定位，并且能够扬长避短，以勇猛毫无畏惧之心及坚定不移的信念对巴诺发动了猛攻。

知己知彼，方能百战不殆。要想战胜对手，就必须了解对手，同时更应该了解自己！贝佐斯知道，相比巴诺这样的老书店，亚马逊最大的优势就是网站上巨大的图书数目。传统的巴诺书店最多只能提供给读者30万种类不同的图书，而这时候的亚马逊公司已经对外宣布它们具有250万种图书。这无疑就是亚马逊最大的优势。贝佐斯在明确自己最大的优势后主动出击，他再次利用打价格战的方法为亚马逊拉拢更多的读者。从古至今，最有效并且最直接吸引消费者的策略就是降价！贝佐斯提出"牺牲眼前利益，换取长远价值"的经营理念。他告诉自己："我宁可赔钱，也要打败巴诺！我敢将网上的图书赔钱销售，巴诺他敢吗？"这位笑起来有些酷的怪才CEO，在算计巴诺书店的时候，表现得相当从容淡定。这源于他极具哲学家气质的性格。贝佐斯从创业初期就表示过，他不惧怕失败，这个十足的疯子甚至渴望"失败"带给他成长！

话说巴诺遇到这样可怕的对手，真的非常不幸。

然而，光依靠降价这种手段还不足以完全打败巴诺这种重量级的对手。压低价格打的是勇于挑战敌人的这张牌，贝佐斯手中还有最重要的一张牌，就是挑战自我。贝佐斯明确地看到自己最大的强项就是对于网络技术的专业性。他决定取长补短，贝佐斯坚持"一切以客户利益为主"的经营理念，并且不断创新技术。他说："我之所以相信亚马逊能够成为网上电子商务的先锋领导者，就是因为我能够让顾客购书消费的时间尽量少的同时，让货物到达的速度有所提升。因为任何浪费顾客时间的行为都是罪过。"试想一下，能够有一家公司，不惜牺牲自己的利益，来博得顾客的开心，这样的竞争对手，获得顾客的青睐看来都在情理之中。贝佐斯笑了，因为这个军事家已经一切准备就绪。

这时巴诺愤怒了，作为美国最大的书商巨人，他一再受到亚马逊这个"毛头小子"的挑衅，于是决定铤而走险，来挽救自己失掉的颜面！

1997年5月，这头愤怒的雄狮好像已经丧失了理智，他做出了一件非常愚蠢的事情。巴诺开始向亚马逊反击，但是可笑的是这位巨人竟是向法院提交一纸诉讼，将亚马逊告上了法庭。巴诺对亚马逊公司以"全世界最大的书店"自居感到强烈的反感，他状告亚马逊做虚假宣传，欺骗消费者。当时听到这个消息的贝佐斯发出夸张的大笑，他简直笑得直不起腰来："伙计们，看来我们高估了巴诺的智商，他是不是被我们气昏了头？我非常高兴他愿意为亚马逊做免费的宣传，看，今年的广告费可以省下一部分了。"无疑，巴诺此举非常失败，当美国传统书店巨人去状告一个小小的新兴电子商务公司时，人们更喜欢被后者所吸引，并且不断伸着好奇的脖子问道："亚马逊是什么？哦，我应该去网上了解一下，去他的网站看看！"在这场战役中，巴诺不但没有让亚马逊吃到苦头，居然还间接地把消费者推到了敌人的手里，这使他有苦难言！

这一次，巴诺再也不敢轻视亚马逊这位初出江湖的毛头小子了。在认真的思考后，巴诺决定转换思维，全力和亚马逊争夺图书市场。同年6月份，Barnesandnoble.com这个地址出现在人们眼前，原来亚马逊把巴诺逼得也"上网"了。巴诺网上书店建立后，他的总裁捷夫·基林开始充满自信地对外宣称："巴诺公司为全球最大的书店，有着悠久的历史，势必拥有无数读者对我们的忠诚与热爱。而近35年来的所有经验与优势我们将全部投入到巴诺网上书店上，这一次巴诺下季度的销售额必将大幅度提升。"

事实上，巴诺高兴得有些早了。相对于刚刚起步才两年的亚马逊公司，巴诺确实具备亚马逊无法比拟的经济实力及大型出版商和书籍供应商的交情关系网。除此之外，亚马逊的送货速度将和巴诺无法比较。因为在美国的各大城市，都有巴诺自己的书店，他们甚至可以做到"24小时内送货上门"。但是巴诺仿佛天生并不具备军事家的智慧。他忽略了一点，当他网上的图书降低价格出售时，这使安静地躺在巴诺自家书店里这本书的"同胞兄弟"们该何去何从？同样的一本书两种价格，这使购买了实体书店图书的读者利益受到了伤害，因此，更大的麻烦在等待着这位书店巨人。

1998年时，巴诺与亚马逊第二场战役的结果出来了。亚马逊公司的销售额已经呈现出306%的惊人增长率。而巴诺这位巨人的销售额只能以10%的增长率小幅度增长。无疑，巴诺望着亚马逊那306%的增长率，第一次产生了恐慌。

巴诺开始自救。同年10月份，它开始对外宣布公开发行巴诺网上书店20%份额的股票。通过此举，局外人或许感觉到这是巴诺勇于打破常规推陈出新的一项重大举措。但是贝佐斯以其精准的洞察力察觉到巴诺的真实用意。贝佐斯说："巴诺作为传统书店，本来相对亚马逊它具有许多的优势，但是它没有看准自身的优势扬长避短。相反，它畏首畏尾，巴诺抛出网上书店股票此举，只是一个胆小的巨人试验网络销售这水池深浅的变相努力。"的确，无论从决策力还是勇气方面讲，巴诺都逊色亚马逊好几个等级。亚马逊真正强大的力量就是它"毫无畏惧，敢想敢做"的精神。这场战役的结果还是未知，但是从思维的角度来讲，勇者永远无敌，巴诺又失败了。

尽管如此，贝佐斯从未敢小瞧自己的对手。他甚至在接受美国杂志的采访时公开说："一直以来，我最戒备和谨慎的对手就是巴诺公司。我从未敢小瞧这个巨人。"的确，瘦死的骆驼比马大，无论这个巨人现在是否失意，只要他跺一跺脚，还是会产生巨大的威力。

这无不彰显了贝佐斯作为军事家气质的优势。在他淡定从容迎敌的背后，却是谨慎以及无比严肃的对待。这正体现了"战略藐视，战术重视"的军事策略智慧。

面对节节溃败，巴诺开始疯狂反击，亚马逊这回真正地惹怒了这位"巴诺老大"。巴诺决定建立起联盟，从亚马逊最薄弱的地方下手。

1998年11月，巴诺成功拉拢到另一位巨人和自己结成联盟。旗下拥有众多著名出版社的德国贝塔斯曼公司对外宣布将以2亿美元的价格买下巴诺公司网上书店一半的股权。与此同时，巴诺开始减少在实体书店新建上的投资。这似乎表明巴诺将工作的重心从实体书店销售转移到了网络销售上面。紧接着巴诺又抛出另一重弹，宣布将花费6亿美元来收购英格拉姆公司。

无疑，巨人结盟已经对亚马逊造成了不小的威胁，在亚马逊后有猛兽虎视眈眈盯着它的情况下，假如巴诺再成功收购了美国最大的图书供应商，就将意味着亚马逊的图书供应渠道受到威胁，那么亚马逊的前路势必危险重重。巴诺经历多次失败后终于成长，它懂得用"打蛇打七寸"的谋略来攻击亚马逊。

可惜，巴诺并没有如愿地看到贝佐斯惊慌的表情。贝佐斯在大敌当前时表现出惊人的冷静与淡定。当然贝佐斯这份自信并不是狂妄者的盲目自大，而是他深知亚马逊能够击败对手的优势在哪里。在召开的高层会议上，贝佐斯发表了这样的讲话："应对巴诺，我们最重要的是认清自己的优势，而亚马逊最大的优势就是我们领先于其他书店两年创立在线书店！两年的经验和专业的技术以及飞速增长的销售额，这都表明巴诺网店并不具备打败我们的实力。"

同时贝佐斯积极应战，在对现实情况作了准确的分析后，他发动美国出版社协会一起对巴诺这种垄断的行为作出反抗。他坚信："胜利终将站在顾客的这边，而亚马逊一直以来也都站在顾客的这一边。"

最终，可怜的巴诺巨人在联邦贸易委员会及国会的威胁下，不得不放弃收购英格拉姆公司的计划。这场战役巴诺再次灰溜溜地以失败收场。

得到消息后的贝佐斯并没有表现出过多的兴奋，他仿佛早就预料到这场战役的结局。他只是幽默地对媒体说道："真心为顾客、作者和出版社做出有利决定的人是战无不胜的，巨人也有可能被弹弓打倒。"

一场战役的胜利并不代表永久的胜利，亚马逊还有太多的路需要走，前方依旧会"战火纷飞"并且"危险重重"。但是危机的背后亦是生机与发展。这位有着远见卓识的企业家并没有因为一次胜利而骄傲自满，在那一年的亚马逊总结年会上，贝佐斯以他特有的声音告诉亚马逊员工："我们势必要准备好打一场永不松懈的战役。因为下一秒，就是危机。"

而危机又往往是生机，贝佐斯身上无不体现一种"狼性思维"，他在英勇挑战的同时能够做到居安思危，在危机中谋发展，在发展中防微杜渐。可见，贝佐斯更懂得物极必反的哲学。他相信巨人总有倒下的那一天，只要他有足够的勇气。

第二节　向CD王国大佬挑战

将你的战略构筑在恒久不变的事物上，

然后搞清楚客户的需求，再进行逆向操作。

——杰夫·贝佐斯

1998年6月，经过精心的筹备后，亚马逊开始正式进军CD音像市场。短短4个月后，这位最具哲学家气质的CEO在与CD王国大佬CDnow的挑战中再次大获全胜，它以3310万美元的销售额夺得音乐唱片市场的销售冠军桂冠。

溯本求源，亚马逊之所以能够在从未涉足过的CD领域异军突起，其成功的奥秘就是贝佐斯拥有不同于常人的思维。贝佐斯敢于打破传统常规，运用逆向思维，因而做出了正确拓展市场与关注长期价值的决策。他并不是战神，也没有超能力，只是一旦找准了方向，他就笃定信念，然后坚持到底。因此他才能够带领亚马逊公司在高手云集的音乐唱片零售领域中杀出一片血路。

司马光的哲学是打破，才有生机。贝佐斯深谙这一道理，并把它应用到了与对手交战之中。在亚马逊宣布正式进入音像市场时，美国华尔街的大多数观察家都对亚马逊公司从书店向其他领域扩张表示十分怀疑。要知道当时的亚马逊公司还没有赢利，面对大额度的财务赤字，贝佐斯不顾股东的反对，坚持投资在线音像市场。他相信危机中蕴含生机，只有敢于打破这一切，不局限在一个领域，亚马逊才会拥有更多成功的机会。当时华尔街的观察家对此表示嘲笑，他们甚至对外宣称："亚马逊可能无法赢利了。"

网络音乐唱片销售领域的大佬CDnow和N2K公司，更是没把亚马逊的挑战放在心上，他们甚至讽刺道："这真是小矮人的一次不自量力。"事实证明，轻敌是兵家大忌。

贝佐斯毫不在乎外界对于自己的评价，他禁得住长时间的误解。4个月后，当亚马逊公司在线音像产品销售额达到3310万美元这一消息传来时，他用实实在在的成绩为自己赢得了尊严。相信，从此后再也没有人敢小瞧这家"年轻"的公司。

贝佐斯最大的优势就是完全没有局限性，他只关注顾客，而不是专注于赚钱，他相信一件事情："关爱顾客，受益自己。"而这点却是CDnow与N2K这种已经盈利许多年的传统公司无法做到的。他们已经习惯了稳定，传统公司所做出的一切决策都是建立在企业经营的常规思维基础之上，就是一切以赢利为出发点。他们急功近利，只想赚取更多的财富。但是贝佐斯却完全不一样，他相信只有打破传统思维的枷锁，将战略建立在最大限度的满足客户需求之上，企业才能具有核心竞争力。贝佐斯相信："以低价招徕顾客，先赔钱，并以此换取亚马逊的知名度及稳定的顾客群才是这场战役成败的关键。"亚马逊公司之所以能够异军突起，就是因为贝佐斯具有这种非凡的决策能力。

的确，贝佐斯最富有的就是亚马逊网站的关注人群。其实不管是卖图书、CD，还是销售其他的物品，这些都是亚马逊公司宏大战略的组成部分，而这个战略有着三个永恒不变的死规则，就是为顾客提供更广泛的选择、更低的价格以及更快和更好的物流服务。打个比方，就好比我们打算去肯德基吃饭，我们并不会因为肯德基快餐主打炸鸡而选择去旁边的饮品专卖店购买可乐，毕竟在肯德基就餐的同时我们更愿意选择就近方便地购买需要的饮品。贝佐斯正是抓住了这一顾客心理需求，从此找准了亚马逊未来的立足点，并以此为基点看清楚前方要走的道路，提前做好了一切准备。相信随着来亚马逊购买图书的客户量的剧增，这支强大的顾客大军，难道就不会就近在亚马逊的王国里四处逛逛，去买些CD吗？

无疑，CDnow公司并没有贝佐斯的这般远见卓识。贝佐斯透过现象看到了亚马逊未来发展之路的本质。亚马逊卖什么并不是重点，重点是它一定要让顾客满意，得到越来越多青睐自己的顾客的亚马逊，试问还愁销售额吗？

由此可见，正是贝佐斯勇于打破传统企业以赢利为目的的常规思维，敢于放弃眼前利益，从而建立专注于长远价值的策略，才引领亚马逊在商场中一次次取胜。

第三节　征战世界的梦想

> 人类的伟大不在于他们在做什么，而在
> 于他们想做什么。
>
> ——罗·勃朗

当贝佐斯以亚马逊命名自己的公司时，他就希望自己的公司未来可以像亚马逊河一样能够成为全世界最大的"商河"。这个梦想家从一开始就表露出非凡的野心，他不仅仅是想建立全球最大的书店，在贝佐斯的脑海里，有着更加远大的"征战世界"的梦想。

人类因为梦想而伟大。敢想敢做的贝佐斯又是如何努力的呢？

1999年开始，贝佐斯开始疯狂地扩大亚马逊的版图。他忙于进军图书与音像领域之外的更多行业。那时候，亚马逊公司的股东们都很惊慌，因为贝佐斯这位疯狂的"侵略家"在没钱的情况下居然还敢大败家底地去四处侵占领地。贝佐斯把目光先瞄准了亚欧市场。经过长时间的调研与筹备，贝佐斯明确知道，除了美国本土是亚马逊必须占领的图书市场，其次就是日本、德国与中国了，它们同样占据着未来网上图书销售市场的巨大份额。

确定目标就要开始行动，贝佐斯开始着手建设英国与德国的亚马逊网站。没过多久这两个国际网站就建设成功并且运营得相当成熟，它们除了具有美国亚马逊网站的专业技术水平及30多万种美国本土图书外，网上还增加了英国、德国它们自己国家出版的英文图书。

正如CNET访问贝佐斯时他曾说过的：“亚马逊最大的愿望是让全世界每一个地方的人都能够购买到自己想要挑选的书籍。当然，不仅仅是美国的书，还包括日本、中国、德国等国的书。”由此可见，贝佐斯从一开始就具有扩张至全世界的野心。

贝佐斯以强悍的“拿破仑式思维”为引导，带领亚马逊敢想敢干，一路不被外界的质疑所干扰，在任何情况下始终坚持自己的远大梦想，从未停止过他征战世界的脚步。

经过不懈的努力，亚马逊终于成功踏上了德国的领土，并把亚马逊的旗帜插在了这片土地上。1999年，贝佐斯对外宣布亚马逊在德国的经销中心贝德·黑斯费尔德正式营业。这是亚马逊跨出国门向外扩张的第一步，也标志着亚马逊终于走出国门，成为一家国际化的大公司。事实证明，再困难的事情，只要你成功迈出第一步，就会有第二步、第三步……紧接着，亚洲市场那边传来好消息，亚马逊公司成功地与韩国三星集团合作。三星是第一家与亚马逊合作的亚洲公司，从此以后，亚马逊开拓海外市场的道路越走越广，无论是日本还是中国都留下了亚马逊的足迹。

在成功扩大版图后，亚马逊并没有满足于眼前成就。这时候的贝佐斯又有了新的梦想。他不仅仅想要做全球最大的在线书商，还想要将亚马逊打造成全世界最大的电商公司，他希望人们可以在全世界的任何一个角落都自由地进入亚马逊网站，在那里，有人们想要购买的任何物品。

建立全球最大的在线网络购物中心，这就是野心家贝佐斯下一步的计划！有了目标后，贝佐斯立即开始行动。从1998年开始，疯狂的贝佐斯相继收购了美国的家庭用品、药店、宠物商店、儿童玩具，甚至家居建材等多种公司。为了加快亚马逊公司的物流速度，2000年时贝佐斯又与网路快运公司联手。从此以后，亚马逊占领世界市场及成为全球最大在线网络购物中心的梦想一点点地实现。亚马逊已经从一个名不见经传的小公司逐渐成为全球电子商务的领军人。

贝佐斯用他的成功向我们验证了这样一句名言"先有梦想家，再有实践家"，同时他也证明了另一句，那就是"心有多大，舞台就有多大"。

Amazon.com

第八章　　亚马逊精神之泉

■ 第一节　和顾客谈一场"永不分手"的恋爱

■ 第二节　"吝啬鬼"的节俭精神

■ 第三节　创新！再创新！

Amazon.com

亚马逊的精神之泉，其实就是贝佐斯个人精神理念的转化，如今，它早已沉淀为亚马逊公司与众不同的企业文化。而有了企业文化的亚马逊帝国，就仿佛有了灵魂，因此，每一名亚马逊人都有了精神动力，每个人从思想上、骨子里展示出一种无比强大的力量。

第一节 和顾客谈一场"永不分手"的恋爱

> 我的目标在于，给顾客留下最愉悦的购物体验。
>
> ——杰夫·贝佐斯

中国老子的《道德经》有言："将欲取之，必先予之。"具有哲学家气质的贝佐斯更是在创业过程中不断践行这句哲理，他坚信："凡是你所施予别人的，最终都会回到自己的身上。"正如教育家徐特立所说："想不付出任何代价而得到幸福，那是神话。"

亚马逊公司长久以来坚持"顾客体验至上"的经营理念就是对这一哲学观点的诠释。贝佐斯从创立亚马逊初期就知道，

他的目的是建立一家不断壮大并且能够长久存在的公司。而企业要想长盛不衰，其秘诀就要像人类依赖血液而活一般依赖顾客。

皮之不存，毛将焉附？贝佐斯告诉每一位亚马逊人："如果顾客不能够'爱'上亚马逊，那亚马逊又何来伟大前途？"因此他要求每一位亚马逊人必须谨记"和顾客谈一场永不分手的恋爱"这一特殊使命，他们致力于为顾客获得"最愉悦的购物体验"。贝佐斯视顾客为"上帝"，从亚马逊创业至今，他对于顾客的溺爱，简直到了偏执的地步。正是因为如此，全球的顾客才将更多的"关爱"回馈给了亚马逊，才有了今日的亚马逊电商帝国。

事实证明，有着近乎偏执信仰的人，更容易获得成功。走进亚马逊公司，我们经常可以听到这样的口号"让顾客购物的每一个小小细节都充满惊喜与乐趣"或者"一切以顾客为中心"，而喊得最洪亮的那个，定是那个笑起来很夸张的怪才贝佐斯。在亚马逊内部，怪才贝佐斯有一个更加奇怪的绰号叫做"空椅子"。每当例会时，亚马逊的老员工们都会向新员工大叫着："伙计，老板来了，快准备好一个空椅子！"几乎亚马逊的每一个人都知道贝佐斯这个习惯，凡是公司的大大小小会议，贝佐斯的会议桌旁边必须摆放一把空椅子。

贝佐斯总是告诉大家："这把空椅子是为我们的'上帝'留的，而且理应放在最重要的位置！就当作顾客和我们坐在一起，我们来听听顾客是怎么想的！"

贝佐斯用这样一种行为时刻提醒亚马逊的每一位员工，顾客才是亚马逊最重要的人。由此可见，在大多数商家只是把"顾客是上帝"挂在嘴边的时候，贝佐斯却是在公司内部及外部最认真践行这一口号的企业家。

贝佐斯非常溺爱他的顾客，他对产品及服务都要求给予顾客最好的。亚马逊的高管们甚至觉得他们的大老板已经走火入魔了。在最忙的时候，他们的老板仍然坚持亲自回复顾客的邮件。贝佐斯并不同意公司里的秘书代他处理这些"琐事"。他认为顾客的意见是最宝贵的财富，他常常告诉亚马逊的员工："在电子商务这个平台上，假如有一个顾客觉得受到了冷落，那么这名顾客告诉的就不仅仅是5个人，而会是5000人。"

当顾客希望更快地收到他们在亚马逊网上订购的图书时，这位走火入魔的老板居然下令所有员工必须加班。西蒙·莫多克是亚马逊公司的一位主管，他在接到这个可怕的命令后叹了口气，抱怨道："比起亚马逊的6万名员工，我总是觉得大老板更加溺爱他那1.64亿客户。相比之下好像我们都不是'亲生儿'。"

西蒙·莫多克因此要常常加班，他记得正常情况下亚马逊应该每天到下午4点时就停止发货了。他说："天啊，你真的无法想象，我们亚马逊的每一个员工都必须是钢铁战士，因为我们需要时刻准备加班。"

当有顾客在下午4点以后在亚马逊网站下订单时，贝佐斯为了能够不把订单留到第二天发货，为了让顾客更早地收到货物，他常常紧缩着眉头和大家工作到很晚，而物流截止发货的时间更是一拖再拖。

"快，尽快，动作再快一点，要知道顾客等着我们呢！我们必须争分夺秒！"贝佐斯在仓库里指手画脚着，甚至他还挽起袖子亲自打包邮件。西蒙·莫多克用余光瞄了一眼他们的大老板，心里悲哀地想："完了，今天答应的早回家陪孩子又做不到了。"现在，亚马逊更是承诺如果顾客在美国境内的一些特定城市下单，只要顾客早晨离开电脑，随着一天工作的结束，回到家中他们就会收到亚马逊送来的"惊喜"。

贝佐斯对顾客的溺爱不仅仅体现在行动上，更令亚马逊的高管们觉得他疯狂的是，他要求每一个亚马逊人能够从精神的源头上"溺爱"顾客。

记得Kindle阅读器上市前的一个晚上，大家都在办公室里观看明天要放映的Kindle的宣传广告。蒂娜·帕特森是亚马逊公司的品牌经理，她对于自己的团队为Kindle上市策划的广告相当满意。她满怀信心地为大家播放了这个广告：画面里出现一头勇猛的公牛，它象征着Kindle阅读器，而读者则化身成为骑在公牛上的勇士。当这段广告播放完毕后，办公室里响起了轰鸣般的掌声，亚马逊的高管们都为这个独特而有意思的创意所打动，他们认为这个广告有着让人"热血沸腾"的"功效"。

"嘿，蒂娜，好样的！这个创意简直太棒了！"销售部的主管激动地说道。

但是贝佐斯除外，整个过程他一直保持沉默，并且紧缩眉头，这令品牌经理蒂娜深感不安。

贝佐斯突然面色凝重地站了起来，他反复审视了周围一圈，然后用低沉的声音说道："我不知道为什么大家都很满意这个广告，或许它的构思的确非常有创意。但是，我并不喜欢我的宝贝顾客骑在这头随时会令他们有危险的公牛身上，要知道，它很有可能踢中顾客的屁股！而我们亚马逊，绝对不允许客户受到伤害！"这一次事件令亚马逊所有员工深深地感到，他们的老板对于客户的"溺爱"，已经到了一种无人能及的地步，即使是广告，他都不允许对顾客不负责任！

信仰的力量是伟大的。当"顾客至上"的经营理念上升到为每个亚马逊人所信奉的高度时，无疑，亚马逊收到了丰厚的回报。据密歇根大学曾经针对美国电商的所有公司进行过关于"客户最喜欢的公司"及"最满意的公司"两项市场调研结果显示，溺爱顾客的亚马逊公司成为"客户最满意的公司"。

但是有了信仰并不代表就一定会成功，如果你想实现梦想，除了建立信仰，还需要为此坚持到底。

从1996年到2003年之间，亚马逊公司都没有赢利。2000年时股价甚至大幅度下跌。当时华尔街的投资家们对亚马逊施加压力，不停地指责贝佐斯。在亚马逊的股东大会上，股东们甚至讽刺地问道："尊敬的贝佐斯先生，我想请问亚马逊是否有义务为股东们带来现实的利益，还是说亚马逊只愿意把资金全部投到'顾客体验'之中，因此亚马逊会永远无法赢利？"股东们都紧紧地盯着贝佐斯，他们希望贝佐斯可以给他们一个满意的答复。但是很抱歉，贝佐斯并没有听取股东们的建议。成功之人之所以能够成功，秘诀就在于无论遭遇多少坎坷、质疑，他们从不怀疑自己的初衷，并且坚定不移。

贝佐斯只是平静地看着大家，然后坚定地说："各位股东，我想让大家听清楚了，亚马逊的最终目标是建立全球最以客户为中心的企业。我将致力于长远价值投资，至于说短期收益，并不在亚马逊的考虑范围之内。"

致力于提升客户体验，贝佐斯从没动摇过。无论是在亚马逊遭遇互联网危机而泥潭深陷时，还是在后来走出危机收获巨大利润时，贝佐斯始终坚持对亚马逊内外贯彻这一方针。

如今，亚马逊公司已经成为电子商务零售业的巨头。贝佐斯已经带领他的亚马逊帝国成功转型为互联网技术服务型公司。现在，华尔街已经没有人敢质疑贝佐斯，因为亚马逊已经从互联网世界中赚取了巨额的财富。18年来，贝佐斯对于"顾客至上"理念的坚持为亚马逊换来了辉煌的成绩。但是这位最具哲学家气质的CEO并没有骄傲，他知道亚马逊未来的路还很长，他还得坚持走下去。

第二节　"吝啬鬼"的节俭精神

> 不念居安思危，戒奢以俭；斯以伐根而
> 求木茂，塞源而欲流长也。
>
> ——魏徵

节俭是亚马逊的另一个重要精神，并且节俭在亚马逊的成功道路上发挥了巨大的作用，它已经成为亚马逊公司最有效的一种企业文化。

萨迪曾说："谁在平日节衣缩食，在穷困时就容易渡过难关；谁在富足时奢华奢侈，在穷苦时就会死于饥寒。"由此可见，亚马逊的节俭精神也是贝佐斯一直以来居安思危、防患于未然的长远眼光体现。可以毫不夸张地说，正是因为节俭，亚马逊公司才能够安然度过8年不赢利的困难时期，并且日益壮大。

大家私底下都开玩笑叫他"吝啬鬼"，贝佐斯总是发出他特有的大笑表示欣然接受这个绰号。他讨厌华而不实。贝佐斯追求实用并坚定不移地反对浪费。如今，亚马逊公司已经非常富有。据1998年美国《财富》杂志报道："贝佐斯的财富足以

买下一个冰岛！甚至整个冰岛一年的国民生产总值都无法超过亚马逊公司一年的生产总值！”贝佐斯是个十足的富人，但是在亚马逊巨额财富的背后，却是贝佐斯与之完全不符合的“寒酸”。

如果你对亚马逊公司非常好奇，当你试图去揭开它的神秘面纱而走进它时，它一定和你想象的完全不一样。在大多数人的心里，一个被喻为“全球最大的在线零售商”的公司，一定非常豪华。但是，对不起，无论是从外观还是内部的设备上，亚马逊看起来都和豪华不沾边。相比于同等规模的大企业，亚马逊甚至有些令人难以接受。

亚马逊的这种节俭文化要追溯到1994年，那年贝佐斯刚刚在一间简陋的车库里创建了亚马逊。当时，亚马逊公司的办公桌都是由废旧门板做成的。贝佐斯一直以这件事情为傲，多年来，他经常对“亚马逊的办公桌是他亲手用门板做成的”这件事情大肆对外宣传。甚至在亚马逊的今天，员工格雷格仍然告诉我们：“门桌节俭文化在亚马逊内部非常盛行，并且作为亚马逊节俭精神的最佳体现，这一传统并没有改变。”这足以令外界感到震惊，在亚马逊新建成的西雅图中心大楼里，员工的办公桌依旧是以简易的木板制成。那些穿着昂贵羊毛衫的亚马逊高管们，每天不得不自带一块砂纸上班，因为他们需要打磨不平的桌角，以防止衣服被桌角刮破。

自古道：“由俭入奢易，由奢入俭难。”发展壮大后的亚马逊仍然能够坚持节俭精神，这着实难能可贵。

　　贝佐斯的节俭不仅仅体现在节约使用公司的资源上，他对员工还非常的"抠门"。贝佐斯常常说："如果我的团队能够吃掉两个比萨，那就真的太大了。"正是他对团队精简的要求，才使亚马逊每个团队里的任何成员都犹如为他所做的工作量身定做的人才一般，因此，降低团队成本的同时，贝佐斯更容易对这些小型团队进行灵活配置，这使亚马逊公司拥有其他竞争公司无法比拟的高效工作团队。

　　贝佐斯还非常反对公司内部的一切浪费。甚至之前公司里的员工都没有餐饮补助，更别提像其他大企业那般随时提供美味香醇的咖啡了。贝佐斯还要求亚马逊公司每位员工将就职时发放的公文包、笔记本底座、电源、圆珠笔、档案袋等办公用品保存妥当，如果他们辞职了，就必须将这些物品物归原主。而且员工外出不许乘坐头等舱，公司内部能使用黑白打印机的时候坚决不许使用彩色打印机。

　　2009年时，贝佐斯为了省钱更是做出一件令员工啼笑皆非的事情。他毫无征兆地叫来公司里的所有男主管们，然后带领大家拆除了公司餐厅里所有的自动售货机里的灯泡。当时累得满头大汗的一名主管非常不解地问："老板，我想知道，我们为什么要费这么大力气拆除灯泡呢？"

　　贝佐斯突然哈哈大笑起来，然后贴近这位主管的耳朵神秘地说："那是因为自动售货机里的灯泡并没有用，它只能令广告更醒目，而我们亚马逊不允许有这种浪费的行为。"

据说当时的这位主管久久没有说话，只是呆呆地立在原地许久。

和过去相比，现在的贝佐斯慷慨大方多了，亚马逊的员工们已经发有基本的药品，甚至在西雅图的亚马逊总部里，贝佐斯还为员工设置了简约的茶水间，并且现在员工们外出的交通费用亚马逊公司负责承担。对于一直以来过着"苦日子"的亚马逊人来说，现在的生活已经令他们无比满足。但是这并不表明贝佐斯会改变公司一切节俭的习惯。

贝佐斯之所以如此节俭，自有他的道理。他始终认为："我的办公桌好不好，和顾客根本没有任何关系，而对于不能为顾客带来任何好处的投资，亚马逊坚决不允许。"由此可见，贝佐斯减少不必要的成本，才能够为客户提供更低价格的机会，这实际上是对"顾客至上"理念的融会贯通。也正是因为贝佐斯自创业以来一直努力创立的这种节俭文化，才使亚马逊公司能够在每一个细节里压缩成本，从而把钱投向经营规模的高速扩张及技术创新中去。所以，节俭精神是亚马逊成功的重要原因，它早已成为亚马逊走向未来的一块永恒不变的基石。有了它，亚马逊才躲过了互联网危机时代的狂风暴雨，才在互联网这块变幻多端的领域站稳了脚跟。

更加令外界出乎意料的是，亚马逊的员工们并没有对他们的"吝啬鬼"老板有过多的抱怨，更没有说忍受不了而离开亚

和创造世界名牌的人

一起放飞梦想

马逊。因为这个在许多方面吝啬的老板，在员工的长远利益方面，居然表现得相当大方。

让我们来看一下，亚马逊员工的工资水平普遍低得离谱。2011年，据相关机构的调查显示，亚马逊公司最高层的高管们的年薪居然少于17.5万美元。而贝佐斯这位大老板的年薪更是少得可怜，仅仅是8万多美元。这种少得可怜的工资水平在当时的IT行业引起了轩然大波，人们简直不敢相信自己的耳朵。但是任何事情都不要只看表面。亚马逊以它的成功无时无刻不教会我们一件事情："要透过现象看本质。"

事实的真相就是，亚马逊员工的工资只是一个给外界人员参考的标准，但是它并不以此衡量亚马逊人真正的价值。原来每一个亚马逊人真正获得的财富是他们手中的亚马逊股票，贝佐斯在他的公司里实行全民拥有股份的薪资体系，这位传说中最吝啬的老板，其实最具有分享精神。他将亚马逊公司的财富与每一位渴望成功并愿意用可能更大的长期收获来交换短期经济收入的亚马逊人共同分享，从而激励亚马逊人为公司创造更大的价值。

无疑，在任何时候，贝佐斯都是不折不扣的赢家。

第三节　创新！再创新！

> 亚马逊是一个百分百的科技公司，但没有一项科技是能够永远保持领先优势的，如果想利用先进的科技让公司居于领先地位，就必须不断地努力，创新再创新。
>
> ——杰夫·贝佐斯

贝佐斯笑了。

经历18年的奋斗，亚马逊公司终于在他的领导下发展成电子商务的巨头。如今的美国人，在每一天的生活中都要用到亚马逊：早上起来喝着在亚马逊网站购买的营养麦片，然后愉悦地用Kindle阅读新一天的报纸，MP3里还播放着从亚马逊音像商店里下载的流行歌曲，晚上下班了点开亚马逊视频服务看一场喜剧电影。总之，那些嘲讽亚马逊一定会关门大吉的华尔街分析家们彻底闭上了嘴巴，亚马逊已经发展成一个业务多元化的奇迹。

那么亚马逊是如何从一家在线网络小书店，发展成为能够与百年巨人巴诺相抗争的世界级公司？又是如何从一家毫不起眼的小公司，成长为令世界零售巨头沃尔玛恐惧的全球最大的在线零售商？

笑得神秘的贝佐斯告诉你，答案就是亚马逊颠覆性的创新精神，是创新带给亚马逊发展的奇迹。

正如黄汉清所说："只有先声夺人，出奇制胜，不断创造新的体制、新的产品、新的市场和压倒竞争对手的新形势，企业才能立于不败之地。"贝佐斯正是在不断技术创新的同时进行着对亚马逊商业模式的持续创新，才使亚马逊获得巨大的成功。如今这家公司的一举一动，都深刻地影响着我们现在和未来的生活，它甚至彻底地变革了传统的出版秩序。

但是贝佐斯的创新之路并不是一蹴而就的，它是一个漫长的过程，甚至历经数年，历经质疑与磨难。当贝佐斯以长远的眼光向股东们提出创新性的关注长期价值经营理念时，周围都是这样的声音："杰夫，你别傻了，你的这种思维简直就是天方夜谭！这会成为华尔街最大的笑柄！"

正如托马斯·爱迪生所说的："我成功的道路上充满了失败。"这句话同样适用于亚马逊公司，这时候的贝佐斯总是笑着说："没关系，我不认为我的策略一定是正确的，但是这些问题需要花时间、花耐心，甚至经历跌倒爬起来的过程，我多试验几次，问题一定可以解决。并且，如果你想要变得有创造力，那你就必须愿意接受失败。"贝佐斯好像天生是个无畏的强者，他以八年不谋取利润甚至赔钱的行为来验证"长远价值"决策的正确性。事实证明，笑到最后的人是贝佐斯，他赢了。

由此可见，所有的创新都来源于一次次向新事物的挑战与尝试，而创造力，正是以失败的代价去换取。贝佐斯从创业的第一天起就表现出无畏的精神，他带领亚马逊公司无惧质疑，一次次在批评声中将创新精神沉淀，从萌芽、成长最后成熟。现在，贝佐斯独一无二的颠覆性创新精神已经转化成亚马逊公司最重要的企业文化。

溯本追源，企业的创新精神取决于企业家的创新思维基因。贝佐斯之所以喜欢自己动手创造一切，根源在于童年时代的他在外祖父的"懒G"农场生活中所学到的一切。有创意的人们其实就是善于将那些似乎毫不相干的问题串联起来，在这个基础上发散思维，挖掘新的方向，直到他们找到适合这件事情新的解决方式。而这一切，都是贝佐斯的外祖父教给贝佐斯的。

当年在农场的时候，如果机器出了故障，外祖父就会告诉小杰夫："孩子，你必须学会自己动手去修理这个大家伙，你得勇于挑战未知的一切。"童年时期的经历为贝佐斯将来的成功埋下了伏笔，在"懒G"农场里，他和外祖父一起修理推土机，他们还会给动物治病，在这个过程中，贝佐斯学会了一种解决问题的方法，那就是做实验。而在自己动手的实验中，他学会了勇于挑战与创新！直到贝佐斯创建亚马逊公司后，这种

和创造世界名牌的人

一起放飞梦想

Let the dream fly

158

敢于尝试的作风最终成为亚马逊可贵的企业文化。

其实，贝佐斯最初的想法只是想要借助互联网这个平台可以在零库存的情况下销售图书。贝佐斯是个书迷，他热爱图书，但是他非常厌恶那种为了得到某种特定图书而奔波于各大书店与图书馆的过程，因为那意味着浪费时间与精力，并且很有可能无功而返。这时候贝佐斯想到："如果我能创造一种便利，就是这样，只要你一点开网络，不需要走出家门，就可以购买自己想要的。"贝佐斯最终选择了完全颠覆传统的经营方式，此举无疑是最具决定性意义的创新，这次创新，使人们日后的生活发生了翻天覆地的变化，也表明贝佐斯具有非凡的前瞻力。

从那以后，贝佐斯的创新开始一发不可收拾。在创业初期，人们还不了解互联网购物，为了方便顾客操作，亚马逊公司通过反复实验，开拓了"一键下单"技术。正是因为有了这个技术上的创新，亚马逊公司才以绝对的优势为未来电子商务之路打下了敦实的基础。"一键下单"对电子商务而言是一项重大的技术革新，直到现在贝佐斯也这样说道："一键下单是亚马逊公司最为重要的一次技术创新，因为有了它，人们才避免了网上购物行为所产生的繁琐与时间上的浪费，才使电子商务战胜传统商店变成了现实。"

接下来，为了招徕顾客，贝佐斯可谓奇招迭出。他为亚马逊的消费者提供"购物建议清单"。只要是登录过亚马逊网站的顾客，他们的任何浏览记录与购买记录等信息都会被亚马逊后台系统自动记录下来。当同一顾客下次再次登录亚马逊网站时，亚马逊将会提供给这名顾客可能感兴趣的商品清单。并且贝佐斯还发布了畅销书排行榜，同时他还开创了有特色的读者评论服务与小说续写活动。天才的创造力凝结出独特创造性的思维，他居然请来约翰·阿伯迪克来为他的网站写了一个叫做"谋杀案造就了杂志"小说的开头，然后贝佐斯邀请读者们续写。这些都是亚马逊公司最开始的创新之举。正是有了这些，才使得网络服务更加人性化，贝佐斯无愧于"网上向个人提供贴心服务的先锋"。

在其他竞争对手领教过亚马逊创新精神的厉害后，他们并不死心，都关起门来憋着一口气搞起了创新，他们也想一鸣惊人，开发新技术以打败亚马逊。但是在1998年12月8日那天，贝佐斯向外界宣布的一件事情彻底地粉碎了他们想要在创新上超越亚马逊的美梦。

那天，西雅图的天气像个小孩子的脸说变就变，突然飘起了薄薄的雪花，仿佛有什么事情将要像这美丽的雪花般突然降临。果然，电视里突然传来了贝佐斯的声音，他向外界宣布："亚马逊公司将推出一项服务，叫做：Shop the Web。通过这项服务，在线的任何一位顾客，你们都可以在亚马逊的网站上挑选其他家网站上出售的所有商品！并且，亚马逊为大家提供'货比三家'这类比价格、比质量的服务。亚马逊致力于为顾客创造最优质满意的购物体验！"贝佐斯的声音仿佛具有魔力，听到这一消息的竞争者们无不感到震惊，这简直令人难以置信！敢于让自己的地盘里进驻竞争者的货物，此举也只有贝佐斯这个"疯子"能够想得出来，这个创新的经营策略，使亚马逊公司成为前瞻性创新精神的代言人。

从此，开拓了联盟服务方式的亚马逊公司，不费"一兵一卒"就打败了巴诺、沃尔玛等竞争对手。当顾客已经习惯在亚马逊上购买各种物品时，他们的脑海里都形成了这样的定式："亚马逊是一家能够买到世界上任何一种物品的网站，走，要购物，去亚马逊！"无疑，贝佐斯凭借着前瞻性的洞察力及创造力又一次为亚马逊赢得了胜利。据统计，实施这种经营策略的亚马逊的营业额飙升了15%，并且亚马逊这个名字开始家喻户晓。

亚马逊依靠卖书起家，正是因为亚马逊的创新精神，才使它在这条路上越走越远，并且越走越广。亚马逊慢慢变成了一家无所不卖的公司。亚马逊的创新从未停止过，贝佐斯知道只有持续创新才能够使亚马逊成长为一家"永存"的公司。

2007年，亚马逊另一个震惊世界的创新出现了，那就是Kindle电子阅读器。这款凝聚了亚马逊团队无数心血的创新高科技产品，一面世就对市场造成了巨大的影响。从此，亚马逊以科技创新敲开了人类阅读习惯变革的这扇大门，紧接着，从不按常理出牌的贝佐斯再次对竞争者投出重磅炸弹，科技创新

后贝佐斯带领亚马逊再次进行商业模式的创新，亚马逊公司宣布："Kindle这个平台，可以为作者出版他们想要创作的任何作品，并且作者还可以获得70%的电子书销售利润！"无疑，亚马逊公司这次颠覆性的创新之举实现了出版商、作者与亚马逊之间的共赢，它不仅仅为自己与作者带来了巨大的财富，更重要的是亚马逊为作者打开了另一扇天窗，那里有着无限的创造力。

当然，创新在亚马逊仍然层出不穷。2010年12月，贝佐斯又向世人宣布了亚马逊网站的一项新举措。他宣布那些将要收到在亚马逊网站上购买的礼物主人，如果不满意朋友或亲人赠送的礼物，可以将礼物退回。这项专利被称为："替换姑姑米尔德里德的所有礼物。"

贝佐斯不按常规地设计了这样一个专利。它为即将收到礼物的人可以及时得知是谁送给了自己礼物，并且知道将收到什么礼物。如果自己不喜欢这件礼物，可以在亚马逊没有发货前进行同等值兑换自己想要的礼品！这项专利和传统送礼代表心意的礼仪背道而驰，现代礼仪大师安娜·珀斯特对于贝佐斯此举表示嗤之以鼻，她说："亚马逊这个专利简直就是冒犯了送礼之人的一片心意！"但是贝佐斯并不在乎这个看法，他对外说道："亚马逊的一切发明都致力于为顾客带来更好的价值与体验，我相信这项专利可以最大化地改善送礼的愉悦度，难道不是吗？"

这无疑又是一项打破传统的创新之举。贝佐斯仿佛天生喜欢不走寻常路，他的一切创新都是在打破传统的基础之上。

在以后的发展道路上，贝佐斯并没有勾画好亚马逊的蓝图，因为有了边框的蓝图将会束缚住亚马逊的创造性。他只是不断地给每一个亚马逊人重复一个使命，那就是："创新！再创新！"

贝佐斯以实际行动告诉我们："创新改变世界！"

贝佐斯绝对是一个怪咖，他的许多举动都令人震惊。但是，你或许不知道，在亚马逊帝国闻名于世的同时，他还经营着另一个惊世骇俗的企业。那是一个关于一生梦想的故事，在那里，贝佐斯敲开了通往神秘太空的大门。

Amazon.com

第九章　遇见未知的亚马逊

■ 第一节　你也有一个太空梦吗？

■ 第二节　持久坚持下的美梦成真

Amazon.com

第一节　你也有一个太空梦吗？

> 宇宙对我们说"不"，但是我们以血肉之躯来回应，大声说"是的"！
>
> ——雷·布莱德伯瑞

怪才贝佐斯总是有着一些惊世骇俗的举动，而他最让我们吃惊的是：贝佐斯除了掌管"亚马逊帝国"外，还投资着一家关于开发太空宇宙飞船项目的公司！这家公司的名字叫做"蓝色起源"。

贝佐斯这个关于太空的梦想，其实从他小时候就萌生了。这一切可能源于他的外祖父劳伦斯·普雷斯顿·吉斯对他的影响。贝佐斯的外祖父曾是美国国防高级研究计划局的成员，他负责研究过关于太空的空间技术及导弹发射类的科技。儿时的贝佐斯经常可以从外祖父的口中听到那些关于神秘太空的故事。在故事里，有美丽会眨眼睛的星星，还有一望无际闪着银色光芒的宇宙。当然，外祖父的故事里还有贝佐斯最好奇的外星人以及他们乘坐的宇宙飞船。

从那时候起，贝佐斯就对未知的太空产生了浓厚的兴趣。他经常一个人深夜爬起来看向窗外的天空，心里想："太空，你等着我。总有一天我一定要去你那里看看，我也想创造出和外星人一样好的宇宙飞船！"

好奇心是一种向未来世界挑战的精神，它也是人类探索宇宙的神秘动力，因为有了它，人类才会创造出一些奇迹。那时候的贝佐斯万万没有想到，他儿时的梦想宣言，多年后竟成为现实。

自从贝佐斯爱上神秘的太空后，他开始努力收集关于太空的一切信息。那时候，在贝佐斯的房间里，四周的墙壁上贴满了各种各样的星空照片，还有关于宇宙飞船的许多图片及明信片。

读小学时，贝佐斯在橡胶小学的第一台计算机里发现了一个叫《星际迷航》的游戏，这使小贝佐斯非常激动，在游戏的世界中，他开始模拟自己在太空中作战，在太空中建立领土，这几乎成了小贝佐斯童年里最快乐的回忆。后来他甚至为自己的宠物小狗取了和科幻电影《星空奇遇记》里主人公一样的名字"卡马拉"，它陪伴贝佐斯多年，每当小贝佐斯叫它的时候，仿佛都提醒着贝佐斯这是一个关于太空的美丽梦想。

人类因为梦想而伟大，坚持梦想并为梦想付出实际行动才会有成功的可能，而放弃梦想或者只是空想并不行动就绝无成功的可能。贝佐斯显然是前者。

14岁后，痴迷太空探寻的小贝佐斯迷上了科幻小说，在各种科幻小说里有他向往的那个神秘世界，在那里，有着丰富想象力的他可以自由地在只属于他自己的"太空"翱翔。

贝佐斯是执着的。随着年龄的增长他并没有放弃关于太空的梦想。这份"偏执"一直贯穿在贝佐斯整个人生的所有轨迹之中，也正是因为他对于一切信念的执着，才使他日后获得巨大的成功。

高中时期，贝佐斯对太空的兴趣越发浓郁，他开始有能力对太空科学进行研究。通过努力钻研，他发布了一篇名为《零重力是如何影响普通家蝇的老化速度的》的文章，这篇关于太空的科普知识的文章在美国国家航空航天局的竞赛中获奖。要知道，仅仅作为一名高中生，就能够写出这种有深度的科普论文，实属难能可贵。作为奖励，他被允许去美国宇航局马歇尔太空飞行中心参观。得到这个消息的贝佐斯，简直激动得语无伦次。对于一个超级太空爱好者，还有什么比这个奖励更诱人呢？

这次旅行使贝佐斯更加坚定了自己探索太空的梦想。高中毕业时，他甚至在毕业典礼上发表了一番惊人的讲话："人类的终极居住地一定是太空。那是人类除去地球外最适合居住的理想之地。到时候，我们都会参加太空移民！去那里永久地生存。"年少的贝佐斯激情洋溢地站在讲台上，大声地宣布着他对太空的梦想。在贝佐斯接受当地报纸的采访时，他还告诉记者他的梦想已经规划得很具体，例如：他想要在太空建立一个超级豪华的星际酒店，这样就可以供去太空旅游的人们居住。还有，他要在太空建设主题乐园以及星空穿越游艇。这在当时听起来简直就是天方夜谭，可是人们还是被贝佐斯的丰富想象力与激情深深打动了。

看来，那颗关于"太空梦"的种子早已深植贝佐斯心底。当贝佐斯在普林斯顿大学毕业时，他甚至在毕业纪念册的首页上写下科幻小说作家雷·布莱德伯瑞的这句名言："宇宙对我们说'不'，但是我们以血肉之躯来回应，大声说'是的'！"这句大胆且欲征服宇宙的名言一直以来被贝佐斯当作人生的座右铭。

不难看出，无论何时，贝佐斯都敢于向未知挑战并勇于探索新事物。这些品质后来都成功转化成贝佐斯创新精神的源泉。

经历时间的浇灌，那个关于太空的梦想，只等着渐渐地发芽，破土而出。

第二节　持久坚持下的美梦成真

别人想到的没去做，我做了。

——杰夫·贝佐斯

成功，并没有捷径，但是它也并不复杂，主要是，你得坚持，坚持，再坚持！

2000年，已经创立亚马逊公司6年的贝佐斯终于成长为一名优秀的企业家。他甚至被美国《福布斯》杂志评选为美国最具影响力的企业家之一。他所创建的亚马逊公司已经家喻户晓，成为有名的全球最大的在线零售商。就在贝佐斯的母亲都认为自己的儿子早就放弃了他的太空梦想、会专注于他的亚马逊帝国事业时，贝佐斯却开始正式开展了自己的太空计划。他说："我多年的等待与努力，就是为了有足够的资金和能力的这一天，神秘的太空我来了！"已经30多岁的贝佐斯再次从夜晚中醒来，他站在窗边，对着浩瀚无垠的星空，喃喃自语。

这时候人们不禁在想，贝佐斯毕生的梦想到底是亚马逊，还是太空？或许，这些都是他大胆地向神秘的宇宙挑战的一部分。

和创造世界名牌的人

一起放飞梦想

2000年，贝佐斯秘密地在西雅图注册了一家探索太空的公司。这个名为"蓝色起源"的公司坐落在西雅图杜瓦米西航道旁边一个破旧的、人员稀少的古街里。那是一个看起来不怎么样的仓库，就像亚马逊诞生的那个仓库一般，充斥着简陋与落寞的味道。贝佐斯好像对车库文化特别着迷，他崇尚节俭的风格在这家公司里再次展露无疑。

起初，贝佐斯对于他研究太空的这件事情一直保持神秘。谁都不知道在那家奇怪的仓库里到底是一家什么样的公司，只知道每天都有一些表情严肃的人进进出出。直到2003年，这引起了《新闻周刊》记者布拉德·斯通的注意。作为记者，布拉德特有的职业敏感让他敏锐地嗅到了这家名为"蓝色起源"公司的不同寻常。

"我感觉到这是一家与众不同的公司，你可以完全忽略掉它周围的一切环境，因为那都是障眼法。"布拉德开始对这间神秘的仓库进行调查研究。最终，竟让她揪出个天大的秘密。

"哦，我的天啊，这家公司的幕后老板居然是杰夫·贝佐斯！"布拉德惊讶地对她报社的老总说道。

"什么？亚马逊创始人贝佐斯？布拉德，你确信你没有弄错？"《新闻周刊》的主编觉得这绝对是一个重磅新闻。

"没错，消息来源准确，是在华盛顿州的数据库里调查出来的。"布拉德对于自己的新发现非常自豪。

"哦，那这家'蓝色起源'到底是做什么的？难道是贝佐

172

斯另一个关于网络销售的大手笔之作？布拉德，快告诉我！"
主编显得异常兴奋，他着急地问道。

"头儿，答案肯定让你难以置信，这是家研究太空旅行与宇宙飞船的公司！"布拉德显然还没从这个消息的震惊中反应过来，她的声音听起来似乎有些颤抖。

"什么！哦，我的上帝！"这位主编受到了"惊吓"，他张大嘴巴呆呆地立在那里。

在外界的惊呼声中，贝佐斯不得不提早让"蓝色起源"面世。"蓝色起源"正在进行第一项研究，贝佐斯为这个项目取名"新谢泼德"，这是他最崇拜的偶像的名字。新谢泼德是第一个进入太空的美国宇航员，贝佐斯希望以此纪念新谢泼德的伟大壮举。

"贝佐斯先生，您能向我们大家讲述一下，贵公司新开展的'新谢泼德'项目到底是做什么的吗？我们都对此充满好奇。"在新项目的启幕会上，记者布拉德问道。

"简单来说，我们短期内计划致力于太空商业旅游的研究，就是设计一种飞行器。它将以煤油和氧化氢为燃料，将来，或许我可以邀请你一起去太空旅行，去看美丽的星星。"贝佐斯幽默地答道。

"这简直是我听过最伟大的创意，贝佐斯先生，那么贵公司的长期目标又是什么呢？"

"呵呵，这说起来或许有些疯狂，'蓝色起源'的终极目

标是带领人类向太空移民，我希望我可以为人类提供最安全、最经济的方式进入太空。"贝佐斯突然发出他特有的大笑。布拉德再次被自己听到的一切震撼了，她想：或许只有疯狂这两个字可以形容眼前这个高大的男人了。

其实，参与太空投资的企业家并不只有贝佐斯一人，还有微软的合伙人保罗·艾伦以及谷歌的谢尔盖·布林。仿佛成功的企业家身上都能够找到一些"疯狂"的影子，他们同样具有梦想，具有强烈的好奇心以及探索世界的欲望。正如哈佛大学校长陆登庭所说："如果没有好奇心和纯粹的求知欲为动力，就不可能有那些对人类和社会具有巨大价值的发明创造。"

但是，贝佐斯与他们最为不同的是，在他经营着亚马逊帝国的时候，他居然坚持亲力亲为地掌管"蓝色起源"，可以说，在那些企业家只是为太空开发投入资金的时候，贝佐斯却是亲自去实践这个梦想。

"蓝色起源"的第一阶段，贝佐斯就投入了近3000万美元，并且还为"蓝色起源"亲自写了招募广告。他像个溺爱孩子的父亲一样，希望参与这个太空梦实现过程中的每一个"成长经历"。

2005年，贝佐斯秘密地从全球各地搜罗来了当时一些优秀的专业人士，他们之中有前美国宇航局的工程师，也有物理学家、化学家、太空专家，甚至还有科幻小说作家及太空爱好者。贝佐斯带着这群超强的太空梦想军团在得克萨斯州落脚，贝佐斯为了有场地做发射火箭的实验，买下了那里最大的一片农场。贝佐斯像找到了最喜欢的玩具的孩子一样每天抽出几个小时处理着"蓝色起源"大大小小的事务。他还为公司起了一个响亮的口号："Gradatim Ferociter"。这是拉丁文，翻译过来就是"一步一步，大无畏地！"

这个口号无不体现了贝佐斯经营亚马逊时的一些成功哲学。贝佐斯再次将他提出的关注长期目标的经营理念应用到了"蓝色起源"身上。贝佐斯非常有耐心，他愿意花二十多年的时间来酝酿自己的梦想。此时他更愿意花更多的时间去一步一步实现这个梦想，并且他的坚持"顾客至上"的经营策略也适用于"蓝色起源"。

贝佐斯常常对外界说："我们集中注意力进行研发，目的就是希望可以给更多的人提供低价去太空旅行的机会，让这不仅仅是富人的权利。实现这个使命我们将花费很长的时间，我相信只要我们稳妥地推进，一定可以使这一切成为现实。"付出终会有收获，贝佐斯利用严谨、循序渐进的研发方式很快取得了成功。

2006年11月，在西得克萨斯州的卡伯森县宽阔的实验场地上，贝佐斯举行了第一次试飞实验。当天，贝佐斯的家人、朋友以及"蓝色起源"所有的员工都紧张地聚在试飞场上，他们期待着奇迹的发生。

"一切准备就绪，开始发射！"贝佐斯洪亮的声音响彻整

175

个试飞场，他的眼睛里闪烁着兴奋与自信的神采。

"蓝色起源"第一艘名为"戈达德号"的飞行器在工作人员的操作下"嗖"的一声蹿上了高空，它按计划准确无误地上升到285英尺的高度后，成功滑入轨道。它并没有以当时美国航空航天局研制的太空飞行器那样以溅落或者以滑翔的姿态降落，而是以一种垂直的姿态降落，并且它"尾巴"上的燃料非常环保，丝毫没有浓重的烟雾。

"成功了！太好了，我们成功了！"试验场上响起了震耳欲聋的欢呼声。贝佐斯像个快乐的孩子一样在试验场上奔跑起来，然后，他兴奋地拿来香槟，和大家一同庆祝这个激动人心的时刻。

厚积薄发，贝佐斯经过多年的坚持与努力，他离他的太空梦想又近了一步。

紧接着，贝佐斯在他的"蓝色起源"网站上公布了首飞试验成功的视频。当然，他不会放过这次绝好的宣传机会，与视频同时挂到网站上的，还有贝佐斯亲笔写的招聘广告："如果你是一名优秀的航空工程师或者太空领域的专家，'蓝色起源'需要你！"

2010年，贝佐斯带领"蓝色起源"再创佳绩，他们研发成功了宇航员逃生系统，这项设计引起了当时美国国家宇航局的注意，他们认为"蓝色起源"公司为太空探索事业做出了突出贡献。当时美国国家宇航局拿出3700万美元作为对"蓝色起源"的奖励。这使贝佐斯大受鼓舞,他相信在不久的将来,自己所构建的那个关于商业太空旅行的计划一定可以实现。

2011年11月13日,贝佐斯带领"蓝色起源"的所有人员在德州的火箭发射场进行了首次太空船载人的升空试验。随着太空船顺利升入高空,地面传来了阵阵欢呼声。

试验成功了!

贝佐斯长久以来对于梦想的坚持以及不懈的耕耘终于结出了胜利的果实。

这是个关于梦想的故事,它无不向我们验证了一句话:"骐骥一跃,不能十步;驽马十驾,功在不舍!"如果你也有梦想,即使在开始看起来遥不可及,甚至有些痴人说梦,但是只要坚持往一个方向锲而不舍地跑去,就一定会离梦想越来越近,总有一天,终会美梦成真。

结　语

在互联网这个风起云涌的新时代，电商世界的每一天都是新的。贝佐斯从1995年创办亚马逊至今，遭遇过"从天堂到地狱"般的质疑，最终成长为电商领域里的领头羊。这个"神一般的企业"创造了太多商界的奇迹，我们无法猜测亚马逊的下一步将做什么，或许说它是否会再次在贝佐斯的带领下引领一次的商业革命？还是说下一个十年贝佐斯已经笑着在太空等着你？

在未知的道路上，我们期待亚马逊明天的发展。同时，从亚马逊公司一路走来的印记里我们看到了一代传奇CEO追求梦想并且永不放弃的精神，在那片通往梦想的道路上，他以创新铺就成功之路的基石，以执着搭建成功之桥梁，并以远见卓识铸造远方的灯塔，指引亚马逊一路前行。这一路走来，商场如战场，战场如人生。透过现象看本质，我们能够学到的东西很多，在那条不息的商河里，我们或许可以捧起一池智慧之水，来浇灌我们通往成功之路上那干涸的心田。